LES PYRÉNÉES ET L'AUVERGNE

A BICYCLETTE

CHARTRES A GAVARNIE PAR BORDEAUX
RETOUR PAR CLERMONT

PAR BRIAULT

Professeur au Lycée de Chartres

CHARTRES
IMPRIMERIE INDUSTRIELLE ET COMMERCIALE
41 et 43, rue des Changes

1895

LES

PYRÉNÉES ET L'AUVERGNE

A BICYCLETTE

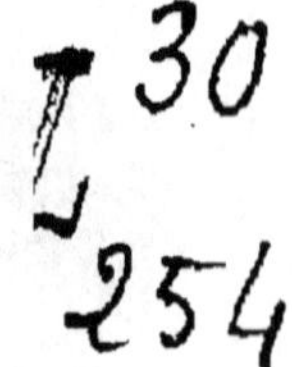

LES PYRÉNÉES
ET L'AUVERGNE

A BICYCLETTE

CHARTRES A GAVARNIE PAR BORDEAUX
RETOUR PAR CLERMONT

PAR BRIAULT

Professeur au Lycée de Chartres

CHARTRES
IMPRIMERIE INDUSTRIELLE ET COMMERCIALE
41 et 43, rue des Changes

1895

LES PYRÉNÉES ET L'AUVERGNE
A BICYCLETTE

CHAPITRE PREMIER
De Chartres à Poitiers

SOMMAIRE

Préparation d'un voyage. — Conseils aux touristes. — Un lever de soleil. — Paysages de Beauce. — Bonneval et son abbaye. — Châteaudun et son château. — Vendôme. — Tours, vallée de la Loire. — Aventure vers Montbazon. — Châtellerault. — Poitiers.

La préparation d'un voyage pour un touriste qui a peu de temps à sa disposition n'est pas aussi simple qu'on pourrait le croire, si on veut tirer le plus de profit possible de son excursion. Il ne suffit pas, en effet, de jeter négligemment un coup d'œil sur la carte pour examiner sommairement les contrées que l'on doit traverser ; il est commode, indispensable même, de dresser à l'avance son itinéraire.

Quelques vélocipédistes ne sont peut-être pas de cet avis, et ils prétendent que c'est enlever un des charmes du voyage que de fixer à l'avance les routes à parcourir ; ils affirment qu'on éprouve infiniment plus de plaisir à visiter une contrée sans en connaitre la topographie, et que les surprises, les imprévus donnent beaucoup d'intérêt aux excursions. C'est un peu vrai ; mais aussi, on peut s'exposer à bien des déboires, à bien des aventures désagréables : hôtels introuvables ou très chers, perte de temps à demander des renseignements, routes pavées, impraticables, pays monotones.

C'est pourquoi, il est préférable de savoir avant de partir ce qu'une contrée présente de pittoresque, les sites, les curiosités à visiter et tous ces mille riens, ces petits détails d'importance secondaire dont la connaissance rend des services considérables.

Lorsqu'on part pour un long voyage, on ne peut songer à emporter toutes les cartes qui vous seraient utiles ; ces cartes deviendraient encombrantes, d'un usage incommode et donneraient des renseignements restreints, insuffisants. Voici comment on peut y suppléer avantageusement : on découpe un certain nombre de rectangles en papier, de quinze à vingt centimètres de long sur sept à huit de large ; sur chacun d'eux est dessinée une portion de la route, prise sur la carte ; on arrive ainsi à tracer tout son itinéraire. Ces feuilles, reliées ensemble et par ordre, forment un petit livret peu volumineux qu'il suffira de feuilleter peu à peu pour connaître les différentes parties du parcours. Afin que la lecture soit plus nette, on peut tracer, par exemple, la route en noir, les rivières en bleu, le chemin de fer en rouge ; on inscrit les distances des villes et des villages que l'on rencontre successivement et on note sur le dos de la feuille, les renseignements complémentaires dont j'ai parlé plus haut. Cette préparation de l'itinéraire est longue et minutieuse, mais elle rend de tels services, que je conseillerai toujours à ceux qui peuvent disposer de leurs longues soirées d'hiver d'étudier attentivement les voyages qu'ils se proposent d'effectuer à la belle saison. Cette tâche est singulièrement facilitée si on a en sa possession la série des itinéraires publiés par le « *Véloce-Sport* » de Bordeaux.

Une grosse question, difficile à résoudre, est celle des bagages ; on doit être chargé le moins possible ; il faut cependant emporter les objets indispensables pour éviter des imprévus fâcheux et désagréables. Cette question du bagage est subordonnée à la manière de voyager. Le tourisme peut en effet se pratiquer de deux manières :

1° Le touriste qui voyage seul, sans bruit, évitant les grandes villes, le touriste sauvage, si je puis m'exprimer ainsi, qui ne désire qu'une chose : voir et contempler la belle nature, en suivant fidèlement l'itinéraire qu'il s'est proposé ;

2° Le touriste un peu moins sévère, quelque peu gentleman, sans prétention, que ses relations obligent à s'arrêter quelquefois, qui a du temps devant lui, à qui il est indifférent, par conséquent, de subir un retard de un et même plusieurs jours, et qui sera heureux de profiter de son voyage pour voir des parents, des amis quittés depuis longtemps. Ce dernier aura un voyage plus mouvementé, plus agréable peut-être, mais il ne pourra restreindre son bagage comme le fera le premier; il est vrai qu'on peut facilement trancher la question en expédiant successivement dans les villes où l'on doit séjourner une valise contenant les objets encombrants.

Il est difficile de donner des conseils sur ce que l'on doit emporter. Chacun, pour peu qu'il ait l'habitude des voyages, sait ce qu'il doit prendre, ce qu'il doit laisser, car l'objet qui est indispensable à l'un peut n'être qu'accessoire à un autre; toutefois, il en est un que je recommande particulièrement : le revolver chargé à poudre ou à petits plombs; mais, on doit se servir de cette arme avec une extrême réserve et bien se pénétrer de ceci, qu'entre des mains inhabiles, le revolver peut causer de sérieux désagréments et porter préjudice au tourisme en général.

***

Voici l'itinéraire que je devais suivre pendant les trois semaines dont je disposais : Chartres à Gavarnie, par Poitiers, Bordeaux-Tarbes, avec retour par Toulouse, Figeac-Aurillac, Clermont et Limoges.

***

Connaissant la route de Chartres-Poitiers dans tous ses détails, je voulais franchir rapidement la distance qui sépare ces deux villes et l'effectuer d'une seule traite.

Donc, un matin, je quitte le chef-lieu d'Eure-et-Loir vers trois heures, par la rue de Bonneval. Passé Thivars (8 k.), la Beauce apparaît avec ses étendues immenses; les ombres de la nuit couvrent encore de leurs grands voiles la plaine, dont les limites flottantes se voient confusément et se perdent dans le vague d'un horizon indéfini. L'atmosphère calme, tranquille, est tout imprégnée des vapeurs du matin. Parfois de longues traînées de brouillards se montrent indécises et blanchissent les petits vallonnements que traverse la route, semblables à des fantômes géants couchés sur le sol, attendant là le réveil de la nature pour s'évanouir et disparaître. Cette promenade nocturne, dans le silence et l'effacement des êtres, alors que tout ce qui vit repose et sommeille, évoqua en moi un souvenir. Il y a trois ans, au mois de mai, nous étions vers Thivars, en haut d'une côte, huit à dix cyclistes, venus pour attendre le coureur de tête de cette première course Bordeaux-Paris. Placés sur l'accotement, afin de laisser le passage libre, tournant les lanternes au sud pour prévenir de notre présence, nous regardions devant nous, dans le noir, la longue voie déserte, tressaillant au moindre bruit, lorsque tout à coup une voix crie à quelques mètres: « Gare! Gare! » et brusquement, trois ombres surgissent des ténèbres, passent comme une vision fugitive et disparaissent dans la nuit. L'un de nous crie: « Qui est-ce? » Mills, répond-on. Aussitôt d'enfourcher nos montures et de revenir à toute vitesse vers Chartres, à l'Hôtel du Grand-Monarque, où était le contrôle. Malgré l'heure avancée, de nombreux curieux étaient restés pour voir cet homme prodigieux parti la veille de Bordeaux et qui venait d'accomplir sans arrêt près de 500 kilomètres. Il faut se reporter à cette époque pour comprendre l'intérêt que provoqua cette lutte passionnante dans le monde sportif et l'étonnement du public en apprenant l'arrivée foudroyante du coureur anglais à Paris.

Bientôt le jour commence à poindre, une ligne lumineuse se dessine, incertaine au bord de la nuit ; elle grandit, s'étend peu à peu et blanchit un coin du ciel ; déjà les objets se montrent dans une demi-clarté naissante. La lune fuit avec son pâle reflet, tandis que l'éclat des étoiles se ternit et se confond avec la teinte grise, blafarde qui envahit la voûte céleste. Une bande pourprée parait à l'orient ; de toutes parts, de tous côtés, les êtres s'agitent, les plantes s'éveillent et se dégagent du voile de vapeurs qui les recouvrait ; enfin, le soleil levant, encore tout poudré de rouge, sort majestueusement de terre, envoyant sur la plaine ses premiers rayons.

Quel beau pays au point de vue vélocipédique, mais comme il est pauvre en beautés naturelles! Le touriste qui parcourt ces champs sans bornes est attristé par cette désespérante uniformité, par la monotonie fatigante d'un paysage si peu varié, où le regard cherche en vain un bosquet, une colline qui vienne l'égayer ; à peine voit-il par moments quelques moulins à vent laissant pendre mélancoliquement leurs grands bras immobiles. Il ne faut pas cependant se hâter de porter un jugement trop sévère, car, à la longue, on finit par éprouver quelque attrait à errer à l'aventure à travers ces vastes plaines. Ce ne sont pas les sensations vives, mobiles, changeantes que provoquent la vue de pays accidentés, où les ravins, les collines, les vallées montrent à chaque instant des sites nouveaux ; ici, les impressions sont plus douces, plus recueillies, empreintes d'une certaine mélancolie triste qui repose l'âme. Que de fois, parcourant ces routes admirables, revenant d'une longue excursion et par une belle soirée d'été, j'ai éprouvé ces émotions tranquilles, indéfinissables que seuls les touristes peuvent saisir et comprendre. Tout l'être assoupi dans une douce quiétude, ne prend plus la peine de penser ; quel effort, en effet, l'esprit aurait-il à faire pour juger un paysage que l'on voit dans tout son ensemble, où les détails manquent, où la comparaison devient inutile, puisque les vues, les perspectives se succèdent invariables et toujours les mêmes.

Bois-de-Feugères (20 k.). Aux environs de ce village se livra un combat acharné entre les troupes de Henri IV et les seigneurs de Beauce en révolte contre l'autorité royale. Cette bataille fut appelée la Noble, à cause du grand nombre de gentilshommes qui y trouvèrent la mort.

Je laisse à droite la tour d'Alluyes, vieille construction élevée, paraît-il, au xe siècle par Thibault le Vieux, comte de Châteaudun ; c'est à peu près tout ce qui reste d'un ancien château. Henri IV et Gabrielle d'Estrées logèrent dans une des salles de ce manoir aujourd'hui détruit. Alluyes était une localité importante sous les Carnutes ; dans les bois environnants on montre des monuments druidiques et les restes d'un camp romain.

Bonneval (30 k.), ville très ancienne, sur le Loir, possède une abbaye dont l'origine est assez curieuse. En 841, un pieux chevalier, Foulques, seigneur de Bonneval, obtint quelques parties des corps de saint Marcellin et de saint Pierre apportés en France par Eginhard, secrétaire de Charlemagne, et résolut pour les conserver de leur bâtir une chapelle. Il fonda le monastère en question et lui donna la plus grande partie de ses biens. Gausmar, religieux bénédictin d'un grand savoir, fut choisi par le seigneur de Foulques pour diriger l'abbaye naissante qui fut consacrée au vocable des saints martyrs par Giselbert, évêque de Chartres. La renommée de ce monastère grandit de jour en jour et pendant longtemps il resta célèbre. Plus tard, les Normands le visitèrent, à différentes reprises, et le mirent au pillage ; et pendant tout le moyen âge il fut plusieurs fois saccagé, détruit. Sous la Révolution, un industriel de Paris l'acheta pour y installer une filature ; aujourd'hui, le département d'Eure-et-Loir y a établi un asile d'aliénés.

Bonneval eut beaucoup à souffrir pendant la guerre de Cent ans, malgré ses puissantes murailles dont on voit encore les ruines.

Au delà de cette ville, le paysage change à la grande satisfaction du touriste qui abandonne sans regret la plaine nue aux larges et tristes horizons. La route s'élève sur un plateau légèrement ondulé, où l'on aperçoit enfin quelques bois. Une longue descente à travers d'épais taillis conduit à Marboué (38 k.). Le sol est toujours merveilleux ; bientôt, à travers les arbres, je vois Châteaudun, assis sur le bord d'une haute falaise au pied de laquelle le Loir forme un vaste détour. Une côte rapide mène aux portes de la ville. Châteaudun possède un vieux château qui mérite une visite détaillée. Cette antique résidence des comtes de Dunois est bâtie sur la crête même du plateau. Du côté du Loir, ses sombres murailles tombent à pic d'une hauteur considérable jusqu'au lit de la rivière ; la vieille maçonnerie, brunie par le soleil, rongée par les pluies, est encore solide malgré les rudes assauts qu'elle a subis, elle semble soudée au roc et faire corps avec lui.

On remarque, dans la cour d'honneur, la porte d'entrée, les fenêtres de l'escalier avec leurs fines sculptures, la chapelle qui possédait autrefois de véritables merveilles d'architecture dont la plupart sont aujourd'hui brisées, détruites ; les salles sont nombreuses, très vastes ; quelques-unes ont leurs planchers effondrés ; d'autres, mieux conservées, présentent des peintures murales. Dans le sous-sol se voient les cuisines avec leurs cheminées monumentales. Une pièce toute petite encore, garnie de boiserie, d'une barrière et d'une estrade, servit au tribunal révolutionnaire qui y tint plusieurs séances.

A quelques pas du château se trouve une vieille tour massive qui paraît plus ancienne que le corps de bâtiment principal. Ses murs sont très épais et percés à la base d'une galerie circulaire où le jour pénètre par d'étroites lucarnes ; un escalier tortueux dont les marches sont à moitié écroulées conduit aux étages supérieurs et enfin dans une vaste salle que surplombe l'immense toiture soutenue par une magnifique charpente. Une véritable forêt de poutres, de chevrons s'alignent avec ordre et dans une symétrie parfaite ; une échelle branlante mal assujettie permet d'atteindre le faite; peu de personnes risquent cette dernière ascension.

Du haut des créneaux la vue est grandiose sur la vallée du Loir : en bas, le faubourg de Saint-

Jean montre son ancienne église, ses maisons enchevêtrées, placées sans ordre apparent ; la rivière coule paresseusement au milieu de belles prairies, où elle se déroule en capricieux circuits ; de l'autre côté, le versant de la colline s'élève par degrés insensibles avec ses champs regorgeant de récoltes et rejoint une vaste plaine tout unie qui fuit dans la direction de Brou.

Après Châteaudun, on retrouve un coin de la Beauce, le sol est toujours merveilleux, aussi a-t-on rapidement parcouru cette région peu intéressante pour arriver à Cloyes (55 k.) par une belle descente.

La route devient accidentée et traverse quelques bois ; vers la Busellerie, elle plonge de nouveau dans la vallée du Loir qu'on suivra désormais presque jusqu'à Vendôme. Une halte s'impose au sommet de la côte pour saisir dans l'ensemble l'admirable paysage se déroulant devant soi. Les collines opposées s'abaissent doucement jusqu'aux prairies ; encore cachées aux rayons du soleil, elles semblent à demi-voilées par des vapeurs légères, transparentes, qui noient dans une ombre floconneuse, blanchâtre, le feuillage sombre des taillis et la teinte verte des prés. Au sommet, je vois une construction antique, toute lézardée, presque en ruines : c'est la vieille tour de Fréteval.

Je traverse Pezou (71 k.), l'Isle (75 k.). Sortie de ce village, la route passe à côté d'un petit château situé au milieu d'un parc ombragé, traversé par la ligne ferrée et s'élève de nouveau sur les hauteurs. Après une ondulation de terrain, Vendôme apparaît agréablement assise sur les rives du

Loir. Cette ville ne présente d'autres curiosités que son église et un ancien manoir qui dresse ses ruines au sommet d'un côteau. La partie la mieux conservée de cette ancienne demeure seigneuriale est la tour de Poitiers.

« Ce n'était point une tour de défense comme on en voit tant dans les châteaux du moyen âge. C'était une geôle construite avec un art infernal pour être la plus affreuse comme la plus sûre de toutes les prisons. Le donjon a trois étages adossés au mur d'enceinte, et forme un demi-cercle en saillie sur les lignes des remparts ; cette espèce de cylindre est coupé à l'intérieur par un carré d'épaisses murailles ; dans les vides, entre les côtés du carré et l'enceinte arrondie du mur extérieur, on avait construit les cachots destinés à loger les prisonniers ; un escalier menait au premier étage dans une grande salle voûtée éclairée par deux fenêtres étroites en dehors, très évasées en dedans avec une vaste cheminée à manteau sculpté et des bancs de pierre dans les larges embrasures des fenêtres d'où le seigneur pouvait contempler à son aise le magnifique paysage qu'on découvre de ce point élevé, tandis que ses captifs gémissaient sous ses pieds dans leurs ténébreux sépulcres. La tour se termine par une plate-forme armée de machicoulis. De là on apercevait la tour de Fréteval, de l'autre côté les châteaux de Lavardun, de Montoire et la Tombelle de Troo ; c'est un horizon de dix lieues qui embrasse la riante vallée du Loir, les plaines de Beauce et les collines boisées du Perche. (1) »

---

(1) De Pétigny, *Histoire archéologique du Vendômois.*

Je quitte Vendôme par une côte de trois kilomètres peu dure, contournant la base de la colline où est assis le vieux château. On file en droite ligne entre deux rangées de peupliers qui donnent quelque gaîté au paysage. A Châteaurenault (110 k.), je revois une dernière fois la vallée du Loir. Cette ville possède une vieille tour ruinée perchée sur une hauteur, construite, paraît-il, par Thibault le Tricheur pour la défense du comte de Blois contre les attaques des seigneurs voisins. Jusqu'à Tours le terrain est légèrement ondulé, le sol toujours merveilleux. Je traverse Monnaie et quelques hameaux sans importance et à dix heures et demie j'entrais dans un faubourg de Tours : me voici en haut de la Tranchée où se trouve la bifurcation de la route du Mans. Une descente rapide conduit au beau pont de pierre jeté sur la Loire. Le large fleuve étale ses eaux limpides peu profondes au milieu d'iles boisées, sur un lit de sable mouvant; au loin la surface liquide paraît unie comme un miroir et disparaît entre deux rives de verdure ; au nord, les coteaux dont la base descend jusqu'au cours d'eau sont garnis de riches villas entourées de magnifiques jardins ; le faubourg Saint-Symphorien allonge sa longue suite de maisons le long des quais, dans la direction de Vouvray, tandis qu'à l'ouest, la perspective fuit entre de riantes collines couvertes de beaux vignobles.

Tours est une ville percée de larges avenues et de boulevards ombragés qui servent de promenades. La cathédrale possède d'admirables vitraux des XIIIe et XIVe siècles conservés intacts jusqu'à nos jours. L'église Saint-Martin, dans la rue de ce nom, nouvellement reconstruite, est l'objet de pèlerinages qui amènent tous les ans dans le chef-lieu d'Indre-et-Loire un grand nombre de visiteurs.

On sort de la ville en suivant l'avenue Grammont : une côte assez dure, avec tournant au milieu, vous ramène sur le plateau. Tours apparaît entre la Loire et son affluent, le Cher, avec ses maisons blanches, ses bosquets, ses jardins que dominent les hautes tours de la cathédrale et la coupole de Saint-Martin qui resplendit au soleil ; là-bas, bien loin, la poétique vallée toute baignée de lumière se perd dans un large horizon, entre deux collines dont les versants montrent à chaque pas des souvenirs du passé dans les vieux châteaux qui dressent vers le ciel leurs donjons massifs ou leurs clochetons élancés.

Je vis une première fois cet admirable coup d'œil en 1887, venant de Poitiers avec un de mes amis pour les courses régionales qui avaient lieu un jour de Pentecôte ; cette excursion est d'autant mieux gravée dans ma mémoire que toute la journée une pluie torrentielle ne cessa de tomber et pendant quatre heures durant nous reçûmes cette averse diluvienne ; je me souviens encore du piteux état des coureurs, la mine terreuse, lamentable qu'ils avaient en descendant de machine. Bien des fois depuis cette époque, j'ai revu ce paysage, et à chaque voyage j'éprouvai la même sensation, contemplant avec un plaisir toujours nouveau le délicieux point de vue qu'on a du haut de la côte.

***

Jusqu'à Sainte-Maure (174 k.), le terrain est accidenté. Je traverse la belle vallée de l'Indre à Montbazon ; sur la gauche une énorme tour en ruines apparaît avec une statue de la Vierge.

Un peu avant ce bourg, quelques années auparavant, une aventure désagréable vint interrompre et terminer une excursion que j'avais entreprise en Touraine. Je revenais de Tours, à la tombée de la nuit, sur un rotary, espérant rentrer le soir même à Poitiers. J'allais à une assez bonne vitesse aussi rapidement du moins que pouvait me le permettre un lourd tricycle pesant trente kilogrammes environ, lorsque tout à coup, sans cause apparente, je vis avec anxiété la grande roue osciller à droite et à gauche. Ces mouvements désordonnés me font pressentir une catastrophe, je prends des précautions en conséquence et heureusement, ralentis l'allure, car, après quelques tours, la roue motrice se détache brusquement, s'en va à la dérive, hésitante, décrit de folles arabesques et se décide enfin à s'abattre sur l'accotement contre un mètre de cailloux, tandis que l'instrument, privé de l'un de ses trois points d'appui, tombe lourdement sur le sol. Ma stupéfaction est profonde, mon embarras plus grand encore ; mes regards vont des cailloux où gît tristement la roue brisée à la carcasse du tricycle échoué piteusement par terre, ne sachant trop comment je sortirai de ce mauvais pas ; le jour baissait, aucune maison dans le voisinage et j'étais éloigné de toute station. Je dus attendre qu'un voiturier obligeant passât et voulût bien me conduire ainsi que les débris de mon tricycle jusqu'à Monts où je pris le chemin de fer.

Dans Sainte-Maure, descente rapide suivie aussitôt d'une côte assez dure ; je traverse un ravin et arrive de nouveau sur une hauteur ; la vue devient superbe ; devant moi s'étend une plaine immense légèrement ondulée, couverte de ses récoltes, de taillis et de prés verdoyants.

A Port-de-Piles, je franchis la Creuse sur un pont élevé au milieu duquel se trouve la borne limite des départements de la Vienne et d'Indre-et-Loire. Vers cinq heures, j'arrive à Châtellerault. Le mouvement vélocipédique a pris une rapide extension dans cette ville, grâce aux routes superbes qui l'environnent. La traversée de Châtellerault est assez difficile ; aussi les touristes qui passent cette localité feront bien de se renseigner une fois arrivés sur les promenades pour éviter de chercher et de prendre une fausse direction. On franchit la Vienne sur le beau pont de pierre construit par Sully et flanqué à ses extrémités de deux tours massives. La vue est assez jolie du milieu de la rivière ; on aperçoit la manufacture d'armes et la chute d'eau qui donne la force motrice nécessaire pour faire fonctionnner les machines ; au nord, dans le lointain, apparaît le pont en treillis sur lequel passe la ligne de Loudun.

Vers les Barres, je quitte la vallée de la Vienne pour prendre celle du Clain. Deux kilomètres avant ce bourg, sur la gauche, existe une vieille tour ébréchée nommée le « Vieux-Poitiers ». Je traverse la Tricherie (223 k.), Clan (228 k.), Grand-

Pont ; encore quelques kilomètres et me voici aux portes de la capitale du Poitou. J'ai à ma droite des rochers à pic, sorte de falaise toute déchiquetée au sommet de laquelle s'élève le faubourg du Porto ; à gauche, le Clain montre ses eaux tranquilles et coule paisiblement le long des jardins et de prés encore tout verts. Après un détour, la ville apparaît, bâtie sur un promontoire qui s'avance entre le Clain et son affluent, la Boivre.

Il est six heures et demie lorsque j'arrive sur la Place d'Armes, où je rencontre de nombreux amis. La longue étape que je venais de fournir, la nécessité de me lever de bonne heure le lendemain m'obligèrent d'avancer le moment du repos, ce qui me priva du plaisir de passer une agréable soirée.

Je venais évidemment de commettre un crime de lèse-tourisme en parcourant en si peu de temps une distance semblable, sous prétexte de faire un voyage d'agrément ; c'était une promenade à la vapeur, les kilomètres tombent les uns après les autres ; les villes, les villages passent ; les sites, les paysages se succèdent sans qu'il soit possible d'en retenir autre chose qu'une perception vague et un souvenir confus. L'être pensant qui réfléchit et regarde autour de lui pour recueillir des impressions durables, fait place à la machine dont l'unique préoccupation est de pousser les pédales sans jamais arrêter, de dévorer l'espace, d'aller plus vite et toujours plus vite. Cette soif de vitesse talonne le cycliste devenu inconscient, l'excite, le pousse comme une sorte de fatalité vers le but plus ou moins éloigné qu'il doit atteindre. J'ai éprouvé quelque peu ces différentes sensations vers la fin de la journée ; ma seule excuse à cette infraction flagrante aux règles du tourisme était, comme je l'ai annoncé, le désir que j'avais d'arriver le plus promptement possible à Poitiers, où devait commencer véritablement ma longue excursion. Les jours suivants, mes étapes étaient réglées de façon à faire une moyenne de 100 kil. environ ; c'est une distance que l'on ne doit pas dépasser si l'on veut voir et retenir quelque chose.

RÉSUMÉ DE LA PREMIÈRE JOURNÉE

Chartres à Tours.	140 k.
Tours à Poitiers	100 »
Total	240 k.

CHAPITRE II

De Poitiers à Barbezieux

SOMMAIRE

Route Poitiers-Angoulême. — Vallée du Miosson. — Charroux. — Grottes de Chaffaud. — Arrivée à Angoulême. — La ville. — Les promenades. — La poudrerie. — Fonderie de canons à Ruelle. — Coulée d'une pièce de 50 tonnes. — La Touvre.

Le premier août, après un repas sommaire, je quitte Poitiers à cinq heures du matin, je gravis lentement la longue côte du faubourg Saint-Saturnin et j'arrive au sommet du plateau qui domine le Clain. Le soleil, levé depuis quelques instants, avait dissipé un léger brouillard qui couvrait la vallée ; aussi, avant de m'éloigner, je pus examiner à loisir, et dans tous ses détails, la ville bâtie en amphithéâtre ; à mi-côte la masse sombre et imposante de la cathédrale Saint-Pierre ; plus bas, l'église Sainte-Rédégonde avec son clocher élancé tout couvert d'ardoises ; tout à fait en haut, l'immense toiture de la salle des Pas-Perdus du Palais de Justice; à gauche, l'Hôtel-de-Ville, belle construction moderne. Je jette un dernier regard, et bientôt, en quelques coups de pédales, j'ai perdu de vue la ville et ses clochers. J'étais heureux de respirer l'air frais du matin, de partir pour l'inconnu, de commencer enfin ce voyage que j'avais dû remettre bien des fois.

***

Je n'entreprendrai pas de décrire complètement la route Poitiers-Bordeaux, bien connue des cyclistes. M. Maurice Martin, le sympathique co-directeur du *Véloce-Sport*, en a déjà donné, dans son curieux ouvrage *De Bordeaux à Paris en tricycle*, une description fidèle et détaillée. Je rappellerai seulement aux touristes qu'on peut se rendre à Ruffec par deux routes :

1° Route nationale Paris-Bordeaux (68 k.);

2° Route départementale parallèle à la précédente et passant par Civray (70 k.).

Cette seconde est moins accidentée; par contre, le paysage est plus monotone. La route nationale, du moins de Poitiers aux Maisons-Blanches (45 k.), offre certainement le sol le plus admirable que j'ai vu. Je connaissais les deux trajets, je me décidais à passer par Civray.

A 4 kilomètres de Poitiers, j'arrive sur les bords du Miosson, qui coule à travers des prés d'une fraîcheur remarquable, en suivant les mille détours, les brusques inflexions d'une capricieuse vallée. Ce ruisseau se perd au milieu de bosquets ou de jardins remplis d'arbres fruitiers; à cette heure matinale, sa présence m'est révélée par une traînée blanche, vaporeuse, formée des brouillards qui se sont élevés du sol humide pendant la nuit et accumulés sur tout son parcours. Ces vapeurs, qu'une faible brise venait secouer par moments, se déversaient sur les rives et s'étendaient jusqu'à la base du coteau, formant une nappe à demi transparente qui flottait au-dessus de la prairie; elles se condensaient peu à peu en fines gouttelettes s'attachant aux herbes, qui paraissaient constellées d'une infinité de petites perles argentées. Dans les bois qui recouvrent le flanc des collines, je vois quelques villas montrant à peine, à travers le feuillage, leurs murs blancs ou leurs toits d'ardoises sur lesquels les premiers rayons du soleil jettent leur pâle reflet. La route franchit le Miosson sur un pont de pierre, s'élève en pente douce au milieu de taillis et rejoint le plateau.

Les environs de Poitiers présentent un grand nombre de sites agréables identiques au vallon du Miosson.

Les vallées du Clain, de la Boivre, de l'Auzance, sont très belles à parcourir et quelquefois d'un pittoresque achevé avec leurs escarpements à pic et leurs rochers énormes surplombant le lit de la rivière ou les chemins creux du ravin à une hauteur considérable.

Toutes ces vallées ont été creusées par les eaux, sur le vaste plateau calcaire qui s'étend autour de la capitale du Poitou. La mer autrefois recouvrait cette région ; elle formait entre le massif granitique du Limousin et les roches primitives de la Vendée un détroit mettant en communication deux vastes océans. Un petit îlot se trouvait au milieu de ce détroit ; on en voit encore des traces près de Ligugé, à Port-Seguin où le Clain coule sur un lit de granit. De nombreux dépôts se sont formés au sein des eaux pendant l'époque jurassique ; à la fin de cette période, le détroit a été comblé, séparant ainsi par une large bande de terrain les deux mers qui recouvraient encore une partie de la France.

***

Je traverse successivement la Villedieu (17 k.), Gençay (26 k.), Sommières (40 k.), Civray (54 k.). A quelques kilomètres de Civray se trouve Charroux, remarquable par les ruines d'une ancienne église abbatiale dont il ne reste plus qu'une tour octogonale soutenue par huit faisceaux de colonnes. Charroux présente une certaine importance historique par les conciles qui s'y sont tenus à différentes époques. L'un de ces conciles fut organisé en 989 à la suite des nombreux désordres et des actes de brigandage qui dévastaient la région. Gombaud, archevêque de Bordeaux, et cinq évêques d'Aquitaine, prirent les mesures suivantes pour éteindre les haines et apaiser les passions qui portaient les seigneurs à guerroyer entre eux: « Anathème, excommunication contre quiconque force les portes d'une église ou détruit un objet religieux; même peine contre le vol et défense d'entrer à l'église, à celui qui aura frappé un prêtre, un diacre ou tout autre clerc », etc.....

Aux environs de Charroux existe une grotte curieuse que j'avais eu l'occasion de visiter une année auparavant. Elle s'ouvre le long d'une des falaises à pic de la Charente et passe au-dessous du hameau de Chaffaud. On pénètre dans une première salle qui est à une vingtaine de mètres environ de l'entrée. De cette nef centrale s'irradient six couloirs, dont deux seulement prennent jour au dehors. Le long des roches pendent de nombreuses stalactites qui étincellent et brillent à la lueur d'une bougie ou d'une torche enflammée. Les fouilles pratiquées dans le sol de la grotte ont donné lieu à des découvertes intéressantes montrant que l'homme y avait élu domicile à une époque très reculée. On trouve, en effet, parmi le limon, le sable rouge, des vestiges de l'industrie humaine, silex taillés de toutes formes, galets brûlés, restes de foyers, de cendres et de charbon, des vases en terre grossière, des os taillés en flèches, en poinçons, des dessins grossiers tracés sur la pierre, etc..... Ces débris se trouvent à différents niveaux, avec des lits d'ossements provenant de bêtes fauves. Cette superposition de couches montre que l'homme a dû habiter cette grotte alternativement avec les carnassiers qui y ont établi leur repaire.

Si le touriste peut disposer de quelques heures, il ne regrettera certainement pas d'être allé visiter ces grottes et les ruines de Charroux.

⁂

A neuf heures, j'étais à Ruffec (70 k.), où je m'arrête quelques minutes. La route de Civray passe du département de la Vienne dans celui de la Charente à 8 kilomètres de Ruffec que l'on atteint par une longue descente.

Jusqu'à Angoulême, la route est très belle comme sol, mais assez pénible comme pente ; c'est même la partie la plus accidentée de l'itinéraire Poitiers-Bordeaux. Il est vrai que l'on est bien récompensé de ses peines, lorsqu'après avoir gravi une longue côte, on arrive sur une colline d'où le panorama est splendide et s'étend à perte de vue sur ce pays ondulé, entrecoupé de ravins et de vallées profondes. J'avais déjà effectué ce parcours en tricycle quelques années auparavant et je puis dire que je fis, à ce moment, une bonne partie des 44 kilomètres qui séparent Angoulême de Ruffec, à pied. J'ai revu avec plaisir cette belle vallée de la Charente que l'on traverse une première fois à Mansle (16 k.). Le paysage devient particulièrement beau, aux approches d'Angoulême, à partir de Tourriers (26 k.). Bientôt, tout à fait dans le lointain, apparaît un clocheton : c'est le campanile de l'Hôtel de Ville. On le perd plusieurs fois de vue, par suite des vallonnements profonds que traverse la route ; mais chaque fois qu'on franchit une nouvelle colline, la ville, confuse, indécise, sur le haut promontoire où elle est bâtie, devient distincte : on aperçoit nettement à droite le Lycée et le Jardin-Vert, au centre l'Hôtel de Ville et sa vieille tour, à gauche les casernes neuves bâties sur la route de Périgueux.

Une dernière descente conduit à Pontouvre, à 3 k. d'Angoulême. En sortant de ce village, côte assez dure ; aussitôt après, le touriste qui vient de Poitiers arrive à une bifurcation ; à droite, la route nationale qui passe immédiatement sous le chemin de fer Bordeaux-Paris ; à gauche, une petite route qu'on doit suivre pour éviter les pavés de la rue de Paris. Ce chemin traverse un peu plus loin la route de Limoges et conduit directement à la gare. L'avenue Gambetta est en face et s'élève en ville par une forte côte ; on tourne à droite sur les remparts pour arriver à l'Hôtel de France, où j'étais à onze heures et demie.

L'Hôtel de France est un des bons établissements de la ville : on y est très bien servi. J'engagerai fort le voyageur à aller prendre son café dans le jardin de l'hôtel, sorte de terrasse élevée d'où l'on jouit d'une belle vue, sur la vallée de la Charente, sur le faubourg l'Houmeau et le quartier de la gare, avec ses locomotives toujours en mouvement. De cet observatoire privilégié, on peut suivre du regard les méandres de la capricieuse rivière au milieu de verdoyantes prairies et, à l'horizon, dans la direction de Mansle, un ruban blanchâtre formé par la route déjà suivie tout à l'heure et qui escalade la série des escarpements que j'ai signalés.

A Angoulême, la Charente devient navigable ; d'énormes gabares effectuent le transit jusqu'à Rochefort, et servent surtout au transport des canons monstres fabriqués à Ruelle pour la marine. Un petit chemin de fer venant directement de l'usine conduit ces engins sur le bord de l'eau. Là une puissante grue hydraulique les soulève de leurs wagons et les descend doucement au fond des bateaux qui doivent les transporter.

Si le touriste a quelques instants à perdre, il fera bien de faire la promenade très recommandée des remparts du nord et d'aller jusqu'à la place Beaulieu, d'où le coup d'œil est admirable ; en bas, la belle promenade du Jardin-Vert ; en face, la molle Charente que l'on voit à perte de vue ; un peu sur la droite, la poudrerie nationale avec ses douze moulins à poudre, sur le bord de l'eau ; à gauche, dans le lointain, la pittoresque vallée de l'Anguienne.

La poudrerie n'est pas accessible au public ; il est même défendu d'approcher des moulins, si on fait une promenade en bateau. On peut tout au plus apercevoir les dépôts de poudre placés au milieu des bois et complètement indépendants les uns des autres en cas d'incendie. Ceci me rappelle la formidable explosion dont je fus témoin en 1883 et qui détruisit trois moulins. 4,000 kilog. de poudre prirent feu, pulvérisant littéralement les objets environnants, arbres, maisons, tout fut rasé, et une grange qui se trouvait à 500 mètres de là eut même toutes ses tuiles enlevées par la violence de la secousse. A Angoulême, un nombre incalculable de vitres volèrent en éclats. Ces accidents, qui coûtaient toujours malheureusement la vie de plusieurs ouvriers, deviennent de plus en plus rares par suite des précautions prises.

***

J'ai vu, à 5 kil. d'Angoulême, la fameuse fonderie de Ruelle. C'est grâce à l'obligeance d'un ami que, malgré une consigne sévère, j'ai pu pénétrer dans l'usine et en visiter les différents locaux; j'étais du reste accompagné par un contremaître qui m'a donné les explications nécessaires.

On fondait ce jour-là une énorme pièce de marine, du poids de 50 tonnes. J'ai pu assister de près à cette opération imposante. Au fond d'un hall très élevé, encombré de chariots énormes et de grues puissantes, je vois trois fourneaux, disposés en demi-cercle, contenant le métal liquide qui bouillonne dans des creusets. Un ronflement sonore, mêlé de sifflements aigus, se fait entendre; c'est le ventilateur qui lance à travers la masse des torrents d'air destinés à activer la combustion du charbon, et à porter rapidement la température au rouge blanc. Trois ouvriers sont là, près des gueules des fours, munis chacun d'une longue tige de fer, prêts à déboucher l'orifice qui ferme les creusets déjà rouges. Tout à coup un signal est donné au sifflet ; les manœuvres vont et viennent, achèvent les derniers préparatifs ; le moment est presque solennel. Les trois tampons d'argile qui bouchent les trous de coulée sont enlevés en même temps et le métal liquide s'élance en un jet puissant, projetant une lumière qui éblouit ; il suit des rigoles en terre cuite et tombe dans un moule profond de 6 à 7 mètres en produisant un bruit sourd qui se répercute sur la voûte de l'usine. Une chaleur intense se dégage de ces conduits surchauffés et force les spectateurs à s'éloigner. Cette chute de métal, dans ce trou noir, béant, creusé dans le sol, produit un effet saisissant; des gerbes d'étincelles s'élèvent des bords de l'ouverture; de petites flammes bleues, semblables à des feux follets, apparaissent à la surface de l'acier fondu ; les gaz enfermés dans ce liquide pesant se dégagent en bulles énormes, en soulevant de grosses gouttes qui retombent lourdement sur le bain incandescent. Bientôt, le jet liquide s'arrête, les creusets sont vides et l'opération a pris fin.

Je vois plus loin, sous un hangar, une énorme pièce qui pèse 100 tonnes, sa longueur est de 12 mètres et le diamètre de sa culasse est tel qu'un homme debout peut à peine la dépasser. Cet engin formidable est destiné, paraît-il, à la défense des côtes.

L'établissement est immense, il faudrait bien deux heures pour le visiter entièrement ; comme je l'ai parcouru assez vite, je ne puis citer que les détails qui m'ont frappé.

Les machines-outils sont mises en mouvement par des moteurs à vapeur et des turbines qui utilisent une chute d'eau de la Touvre, affluent de la Charente.

A la porte de l'usine, je vois sur la route un attelage de 57 chevaux, trainant un chariot sur lequel est posé un canon de 45 tonnes. Par suite d'une fausse direction, l'attelage abandonne le milieu de la chaussée ; à peine a-t-il fait quelques mètres, que deux roues s'enfoncent brusquement jusqu'aux moyeux, à travers le macadam, moins résistant sur les bords. Il a fallu plusieurs heures de travail pour arriver à sortir le chariot de ce mauvais pas.

Avant de quitter ces environs d'Angoulême, disons quelques mots de la Touvre, dont le régime est tout spécial. La source de cette rivière, qui est à quelques kilomètres de Ruelle, mérite d'être vue. C'est une sorte de cirque entouré de rochers recouverts de broussailles, de ronces et d'épines, où le cours d'eau semble se terminer brusquement. Dans une échancrure des parois, on n'aperçoit qu'un faible ruisseau, souvent à sec l'été, et insuffisant pour alimenter la Touvre aussi large à son origine qu'à son embouchure. Evidemment, les eaux sortent de quelques cavernes profondes qui se continuent par des galeries inconnues. On pense que ces souterrains communiquent, en partie du moins, avec les nombreux gouffres qui existent dans la forêt de la Braconne et dans lesquels l'eau disparait rapidement après les orages et les pluies torrentielles; mais la plus grande partie des eaux de la Touvre semble provenir de deux rivières au cours irrégulier, situées à quelques kilomètres de là : la Tardoire et le Bandiat. La Tardoire prend sa source sur les bords du plateau central et coule à son origine sur un sol granitique ; puis elle arrive dans les calcaires jurassiques qui sont remplis de cavités invisibles et de nombreuses fissures, si bien qu'à la Rochefoucault, par suite des infiltrations continuelles et des pertes incessantes qu'elle subit, la rivière n'est plus qu'un simple filet ; un peu plus loin, le lit est à sec, rempli seulement pendant les saisons pluvieuses. Le Bandiat offre un régime peut-être plus singulier encore.

***

Vers quatre heures, je reviens à Angoulême, traverse de nouveau la ville en passant par les remparts du nord qui dominent un faubourg de la ville où saint Cybard fonda, sous Charlemagne, une abbaye dont on voit encore les restes.

Une longue descente qui longe le Jardin-Vert me conduit dans la vallée de la Charente.

Le trajet d'Angoulême à Barbezieux, où se terminait ma première étape, est assez pénible par ses côtes continuelles et aussi par le sol, qui laisse parfois à désirer. Ce jour-là, en outre, un vent debout assez violent souffla sans discontinuer jusqu'au soir. Peu après Angoulême, la route s'éloigne de la Charente. Je traverse successivement La Couronne (6 k.), remarquable par les ruines d'une ancienne abbaye et ses papeteries importantes ; Roulet (5 k.) ; Pétignac (8 k.). En sortant de ce village, se présente une longue côte caillouteuse très rapide, avec tournant dangereux, au milieu, pour le touriste qui vient de Barbezieux. Au sommet de la côte, fait suite un petit plateau peu étendu d'où la vue est assez jolie. Une descente de quatre kilomètres conduit à Pont-à-Brac. La route, à cet endroit, franchit une petite vallée et tourne brusquement à gauche.

A six heures, j'arrivai à Barbezieux (8 k.), petite ville bâtie sur le penchant d'une colline, qui eut autrefois une certaine importance et fut le chef-lieu d'une suzeraineté dépendant de La Rochefoucault. Le vieux château, aujourd'hui restauré, sert de prison.

RÉSUMÉ DE LA DEUXIÈME JOURNÉE

Poitiers à Angoulême.	115 k.
Angoulême à Barbezieux.	34 »
Total.	149 k.

LÉGENDE EXPLICATIVE

POUR LES CARTES

De Poitiers à Gavarnie, lire les cartes de haut en bas, la partie inférieure de chaque feuille se raccorde avec la partie supérieure de la feuille qui suit.

De Gavarnie à Toulouse, Limoges, Chauvigny, lire les cartes de bas en haut, excepté pour la feuille Montmorillon-Adriers à lire de haut en bas, la partie supérieure de chaque feuille se raccorde avec la partie inférieure de la suivante. La première carte que l'on doit lire en montant est celle de Barège, qui s'embranche sur celle de Luz.

Sur les cartes, on trouve les distances kilométriques entre deux villes ou villages successifs ; la distance des stations les plus proches ; à gauche, est tracé le profil, avec indication de la nature du sol, des accidents de terrain. L'itinéraire suivi est marqué d'un double trait.

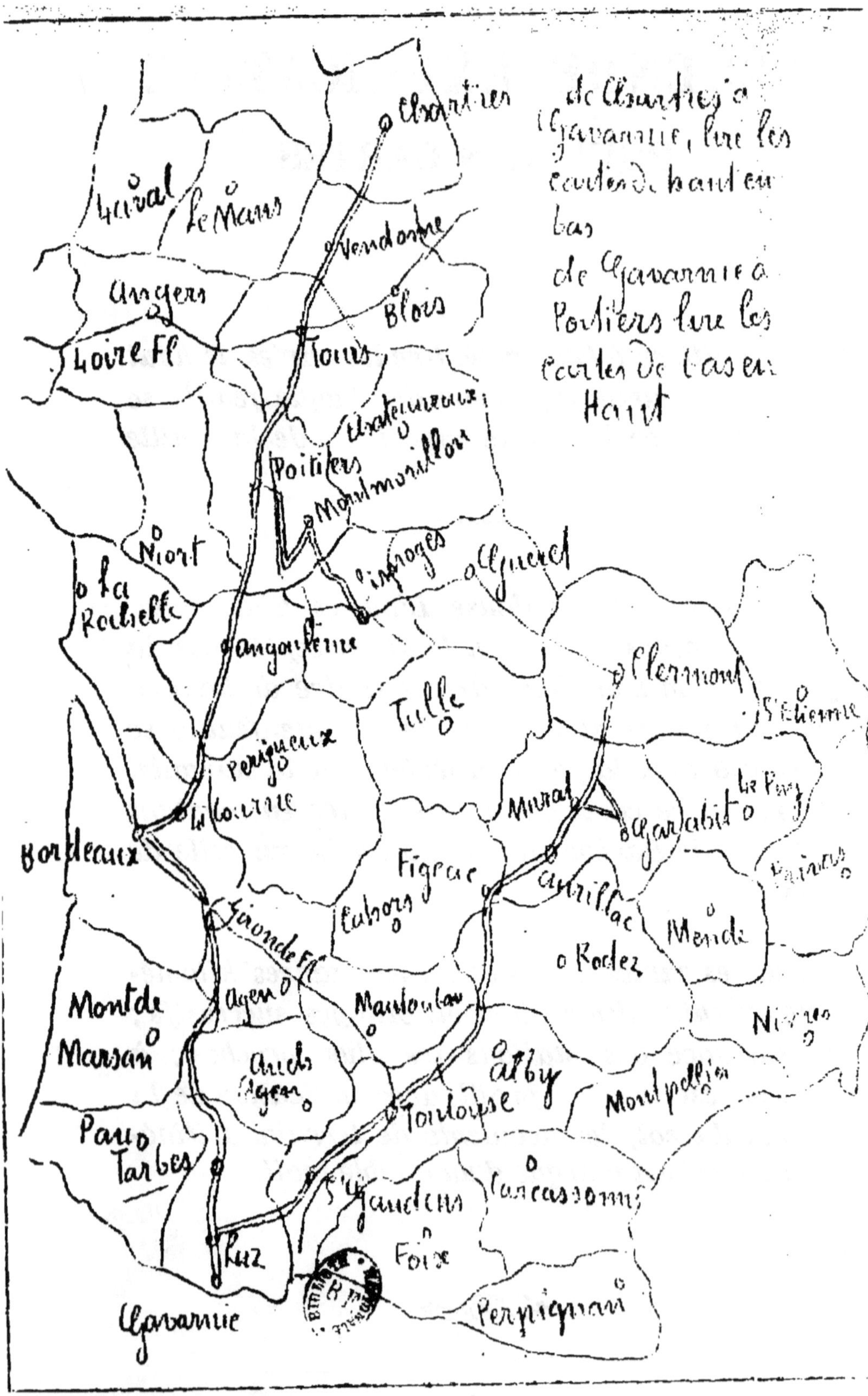

de Chartres à Gavarnie, lire les cartes de haut en bas

de Gavarnie à Poitiers lire les cartes de bas en Haut

Chartres
Laval
Le Mans
Vendome
Angers
Blois
Loire Fl
Tours
Chateauroux
Poitiers
Montmorillon
Niort
Limoges
Gueret
La Rochelle
Angoulême
Clermont
Tulle
St Etienne
Perigueux
Libourne
Murat
Le Puy
Garabit
Bordeaux
Figeac
Aurillac
Privas
Cahors
Gironde Fl
Mende
Rodez
Mont de Marsan
Agen
Montauban
Nimes
Auch
Agen
Alby
Montpellier
Toulouse
Pau
Tarbes
St Gaudens
Carcassonne
Luz
Foix
Perpignan
Gavarnie

Poitiers

9 K 500

Vallée du Mioson

11 k 500

Roches

9 K

Poitiers
R. Bordeaux
R. Chauvigny
Clain
R. Limoges
St Benoit
Mioson R.
Moulin
Lig. Bordeaux
Ligugé
Clain R.
Smarves
Les Roches
Andillé
La Villed

Poitiers

3 K 500

Vallée du Mionon

11 k 500

Roches

3 K

Poitiers

R. Bordeaux

R. Chauvigny

R. Limoges

Clain

St Benoit

Miosson R.

Moulin

Lig. Bordeaux

Ligugé

Clain R.

Smarves

Les Roches

Andillé

La Vill

R d'Alonnes

Afizay

La Villedieu 9 Kᵉ

Nord

R Vienne

Gençay

Clouère R.

St Maurice

Gençay

Clouère R

(H^l Boule d'Or)

R d'Ambré

R. Château Garnier

Magné

Sud

6 K

R Champagné

La Ferrière

D. Ferrière

Mont-Sorbier

Ferrières 6K

R. Champagné

Clain R.

Sommières

Clain R

R. Château-Garnier

Sommières

R de Romagne

Nord

Civray 15K

Sud

St Romain

R Chatain

Champniers

Leignes
hameau

Payré

R Charroux

Légèrement accidenté, sol excellent –

A 15 k 500
Sommières
Vergné
R de Confolens
Lig de Ruffec
Civray
R. de Niort
Charente R.
ray
Le Montet
S'Gaudan
9 K
Voulème
Lizant
Charente R.
harente R.
Ruffec
8 K
Chaufour

de Ruffec
Angoulême 44
Barbezieux 78

Civray 17k

Ruffec (H. Poste)

4 k

Villegats

3 k

Les Negres

Mansle 11k

Coteaux

Bon sol

accidentés

Bon s

R. Poitiers

Ch de fer Bordeaux

R. Civray

R. Sauzé

R. Confolens

Ruffec

R. Melle

R. Cognac

Charente R

Barr

Villegats

Verte

Tuzie

Les Nègres

Charente

Lonnes

Maisons rouges

Descente rapide

Les Negres

Mansle {H. Etoile d'Or à gauche

Côte dure

9 K

– Bon sol –

Tourriers {Café Français à gauche

5 k

Descente rapide

Chiré

11,5

Charente R

gigroux

R. Poitiers

Fontlaurant

Charente R

R Luxé (station)

Mansle

R. Rochefoucault

Tardoire

Puyraux

R. St Amant

Mam de Boixe

R Bordeaux

R Bordeaux

Nanclai

Aussac

Villegombert

Tourriers

Fenêtre

R. Rouillac

Station Vars à 15K

R. La Rochefoucault

Chiré

D'Angoulême
Libourne 102
Bordeaux 132

la Chignole 7k5

Pontouvre

3 K

Angoulême (H. de France)

7 k.

la Couronne

6 K

Très-accidenté

Descente rapide

– Bon sol –

Quelques côtes

Argence R.
Argence
Vouillac
Balzac
Charente R.
R. La Rochelle
Pontouvre
Touvre R.
R. Limoges
R. de Cognac
R. Périgueux
Poudrerie
Angoulême
Charente R.
St Michel
Libourne
La Couronne
Boëme R.
Ligne de Bordeaux
R. Libourne
R. de Bordeaux

Ste Estèphe

Goin

R Chateauneuf

Roulet 8 k

R Chateauneuf

Birac

Pelignac

Pelignac

Jurignac

Nonaville

6 k

Ladiville

Ponta Brac

Viville

Ponta Brac

Né R.

St Médard

Beau R.

de Barbezieux
Libourne 68
Bordeaux 98

R. Jarnac

7 k

Hotel Boeuf d'Or

R. Cognac

Barbezieux

Barbezieux

CHAPITRE III

De Barbezieux à Bordeaux

SOMMAIRE

Chevanceau. — Guitres. — Une rencontre. — Libourne. — Arrivée à Bordeaux. — Le port. — Le bureau du *Véloce-Sport.*

Le lendemain, le temps était incertain ; de gros nuages noirs, balayés par le vent, s'avançaient du Sud-Ouest et menaçaient à chaque instant de se résoudre en pluie ; vers 6 heures, en effet, il tombait de l'eau ; mais, par bonheur, l'ondée dura quelques minutes à peine.

Après Barbezieux, le paysage est charmant, le terrain reste toujours accidenté, on traverse un pays boisé, entrecoupé de nombreux vallons où se voient quelques belles prairies. A Chevanceau (20 k.), il me faut quitter la route nationale qui est pavée, plus loin, vers Saint-André-de-Cubzac, et prendre le chemin de Libourne.

On sort du bourg par une forte descente ; le sol devient moins côtueux ; néanmoins, les ondulations restent encore assez fréquentes jusqu'à Guitres (32 k.). Je traverse le Lary, petit ruisseau, presque entièrement caché par les arbres qui le recouvrent entièrement et par les roseaux croissant sur ses bords.

A Guitres, j'atteins la belle vallée de l'Isle, que l'on franchit sur un pont suspendu.

Du milieu de la rivière, le touriste a une jolie vue de Guitres, pittoresquement bâtie en amphithéâtre, sur la colline qui borde le cours d'eau. Un peu plus loin, je passe le chemin de fer de Coutras à Pons. De Guitres à Libourne, la route est très belle, complètement plate, et bordée à certains endroits de beaux peupliers.

Avant Libourne, je fus rejoint par un vélocipédiste pédalant furieusement, qui parut tout heureux de me dépasser et de prendre sur moi une respectable avance, ce qui m'inquiéta fort peu d'ailleurs ; aussi bien, n'aurais-je point voulu diminuer en rien le mérite et la satisfaction de ce vélocipédiste inconnu, fier de sa facile victoire.

Il y a de par le monde des gens dont l'unique préoccupation est de chercher ainsi à se faire admirer. Ils sont enchantés lorsqu'ils croient avoir étonné quelqu'un par une de leurs prouesses ; laissons de côté ces emballeurs qui disent souvent beaucoup plus qu'ils ne font. Qu'on les suive, du reste, dans une course, un voyage, on les voit partir avec bruit, fracas, et à grande vitesse ; mais, soyez tranquille, ils n'iront pas loin à ce train là ; vous les verrez bientôt se reposer tranquillement sur le bord de la route, ou arrêtés dans un « bouchon » quelconque ; ce qui ne les empêchera pas de raconter ensuite, à qui voudra les écouter, qu'ils sont allés de tel endroit à tel autre en tant de minutes.

Il est fâcheux que ces vélocipédistes ne comprennent pas mieux le sport; car c'est justement là où ils se lancent comme des fous (sortie de ville, faubourg, carrefour de route) qu'il faudrait au contraire marcher avec la plus grande prudence.

Le vrai touriste ne cherche pas à se montrer; il ne dédaigne pas la vitesse, une course rapide; mais il attendra, pour cela, d'être sur une bonne route, en pleine campagne, où il sera certain de ne pas être gêné, ni de gêner personne.

Il n'est pas étonnant de voir les « mangeurs de route » parler parfois de vitesses fantastiques (30 à 35 kilomètres à l'heure); je me souviens même avoir entendu affirmer à l'un d'eux que sa machine avait fait en six mois plus de 15,000 kilomètres. Je n'ai pas voulu enlever à cet épateur l'illusion de croire qu'il m'avait convaincu; j'ai même paru fort étonné de ses exploits. Il faut si peu de chose pour contenter certaines gens qu'il y aurait vraiment cruauté à ne pas souscrire aux histoires qu'ils content avec leur merveilleux aplomb.

Bref, pour en revenir à ma route, j'arrive à Libourne à 10 heures et vais aussitôt remiser ma bicyclette à l'hôtel Loubat, près de la gare. Après une toilette sommaire, je profite du peu de temps qui me reste avant le déjeuner pour visiter rapidement la ville. On remarque une grande place où se trouve la statue du duc Decazes; de cette place part une des voies les plus commerçantes, la rue Gambetta, qui aboutit au marché tout entouré d'arcades et de vieilles maisons; sur l'un des côtés se voit l'Hôtel de Ville, construction du XVIe siècle. De belles avenues plantées d'arbres entourent la ville.

Je quitte Libourne vers une heure et franchis la Dordogne sur un beau pont de pierre d'où la vue est assez jolie.

Jusqu'à Arveyres, la route reste en plaine; de magnifiques vignobles s'étendent à perte de vue à droite et à gauche. Après ce village ce terrain est accidenté, mais le sol très bon. Le vent, assez sensible dès le matin, devenait très fort et soufflait de l'Ouest: aussi, les 32 kilomètres qui me séparaient de Bordeaux me furent très pénibles à effectuer et j'étais presque heureux lorsque je gravissais une côte dont le sommet me préservait en partie de la forte bise qui venait de l'Océan.

Je rencontrai vers Beyhac un groupe de vélocipédistes allant sur Libourne; ils avaient vent arrière, les heureux mortels!

Me voici aux Quatre-Pavillons, à la bifurcation de la route directe Bordeaux-Paris; je descends la longue côte de Cenon qui est bien mauvaise et remplie de têtes de chats; sur ma droite, tout en étant préoccupé d'éviter les cailloux et les bosselures de la chaussée, je contemplai déjà, à travers les arbres qui bordent les fossés, le panorama grandiose de Bordeaux. Au bas de la descente, l'avenue Thiers, encombrée de véhicules et de promeneurs, me paraît interminable; le sol glissant, humide, m'oblige à une attention continuelle pour éviter les flaques d'eau et les endroits boueux; j'arrive enfin au pont sur la Garonne; au milieu, je m'arrête quelques instants pour admirer le coup d'œil incomparable, si souvent vanté par les géographes, que présentent à droite, le port et ses nombreux vaisseaux avec sa longue ligne de quais qui s'étendent jusqu'à Bacalan; à gauche, le beau pont tubulaire où passe le chemin de fer qui réunit la gare du Midi à la gare de la Bastide et les deux réseaux d'Orléans et du Midi.

Le fleuve est sillonné à chaque instant par de petits vapeurs qui établissent de fréquentes communications entre les deux rives. Partout, le long des quais, des barques, des navires de toutes sortes et de toutes dimensions se pressent les uns contre les autres et paraissent entassés dans un désordre inexprimable: leurs vergues laissent pendre les voiles à demi-reployées; les cordages goudronnés, flottant ou fortement tendus, apparaissent comme un inextricable réseau qui enserre dans ses larges mailles toute cette forêt de mâts effilés. Les gros vaisseaux oscillent autour de leur base sous l'action du flot qui monte et du vent qui fait rage; quelques-uns, pesamment chargés, évoluent dans le bassin avec une lenteur calculée, pour choisir un garage où ils pourront effectuer leur déchargement; d'autres, échoués sur le quai, à moitié renversés sur le flanc, montrent leurs carènes toutes noires et luisantes. Les petites barques dansent follement quand un remorqueur passe dans le voisinage; elles sautent sur les vagues qui arrivent, tirent sur leurs amarres et s'entrechoquent pendant quelques instants.

Deux transatlantiques étalent au loin leurs ventres énormes au-dessus des eaux jaunies du fleuve; ils ressemblent à des monstres formidables en repos au milieu de cet ensemble prodigieux de navires qui sont accrochés en files serrées le long des rives sur une étendue de plus de trois kilomètres.

*
* *

A quatre heures je me présente aux bureaux du Véloce-Sport, où je suis très cordialement reçu. J'étais venu plusieurs fois à Bordeaux et connaissais par conséquent la ville ; cependant, je dois à l'obligeance de M. Martin, déjà cité plus haut, d'avoir visité quelques curiosités qui m'avaient échappé lors de mes premières visites dans la capitale de la Gironde ; entre autres, la tour Saint-Michel, d'où l'on jouit d'une vue exceptionnellement belle et grandiose sur Bordeaux et ses environs.

J'ai eu de plus l'occasion de dîner et de passer la soirée avec mon aimable cicerone, et nous avons longuement causé voyages, tourisme, ainsi que de ces premières courses Bordeaux-Paris, dont le monde vélocipédiste a suivi avec étonnement les différentes péripéties. Je quitte à regret M. Martin vers dix heures ; mais devant partir le lendemain de bonne heure, il me faut songer au repos. On m'avait conseillé l'hôtel Richelieu ; je n'ai pas eu lieu de me plaindre de ce choix, car le service est très bien fait et les prix n'y sont pas excessifs.

RÉSUMÉ DE LA TROISIÈME JOURNÉE

Barbezieux à Libourne	**68 k.**
Libourne à Bordeaux	**31 k.**
Total	**99 k.**

Errata. — *Sur la carte Montguyon :* Lire : Libourne 37 au lieu de 27. — Bordeaux 67 au lieu de 57.

Sur la carte Libourne : Lire : Les Billeux au lieu de « Baillaux ». — Emerits au lieu de « Les Enterits ».

St Hilaire

R Bordeaux

R Chalais

Reignac

Bon sol

Barbezieux
22 K

Accidenté jusqu'à Chevanceau

La Tartre

Touvérac

Boivert (hameau)

Etangs

Lary R.

(H. du Centre)
Chevanceau

Descente rapide en sortant

alt. 122
Chevanceau
R Montendre
Station à 15K

de Chevanceau
Libourne 47
Bordeaux 77

Chevanceau
10 K

Lary R.

Chateau de Chaux

Les Roux

St Palais

Montlieu

Mouzon R.

Neuvicq

R. Montendre

Montguyon

R. Roche Chalais

Montguyon

H. Etoile à gauche en descendant

de Montguyon
Libourne 27
Bordeaux 57

6 K

Grignon

Simoneau

Simoneau

Valin 3

Lary R.

Palais R.

avec Denis jusqu'à Guîtres – Bonsoir –

Simoneau 9 Kl

Valin

Valin

Lary R.

La Clotte 768 h.

7 K

Momet

Monet

2 Kl

La Forêt

La Guirande

La Guirande

Lary R.

6 Kl

H. de la Poste

la chaîte [?]

Aguitres

Guîtres

R. St André

R de Coutras

Isle R

Coulon

Ch de fer

Saillans 822 h

8 K

Isle R.

Ligne de Bordeaux

St Denis Pile

St Denis de Piles (2000 h)

Libourne 7 K

Le Frappe

Les Enterits

Ch. de fer

Baillaux

Isle R.

Isle R

Fronsac

R. St André

R. Périgueux

Libourne

R. Castillon

Dordogne R

Ligne de Bordeaux

Dordogne R

Vayres

Arveyres

R. de Bordeaux

St Denis de Pillés 7K

Libourne { Hôtel Loubat } près la gare

5K

Arveyres

Beyhac 10K5

Plat jusqu'à Arveyres — Bon sol —

Côte assez dure

Arveyres 11h

Descendu jusqu'à Bordeaux
Vol assez bon

Beychac

9 h

Quatre Pavillons

Bordeaux 7h

Descente assez rapide

Garonne Fl.

R. S' Sulpice.

R de Créon

Beychac (670h)

R de Loubès
Station à
5K900

Laurenca R.

Quatre Pavillons

Cenon

R. Bergerac

R. Toulouse

Avenue Thiers

R. Lesparre

Bureaux du Véloce Sport

Quinconces

Ch. de fer Paris

R. Libourne

Lormon

R. de Lacanau

Hôtel Richelieu

Ave. Thiers

R. Bergerac

Floirac

R. Teste de Buch

Ch. de fer La Sauve

R. St Jean Pied de Port

Ch. de f. Bayonne

R. de Bayonne et de Toulouse

Garonne R.

Ligne de Cette

Bordeaux ↔ Cambes 17k

Bouillac

Le Boucaut

de Bordeaux
Langon 48
Casteljaloux 88
Nantes 240

Laprade

CHAPITRE IV

De Bordeaux à Lapeyrade

SOMMAIRE

Les rives de la Garonne. — Langon. — Casteljaloux. — Forêt des Landes. — Lapeyrade.

Le 3 août, je quitte l'hôtel à 5 h. 1/2 pour me diriger vers Langon ; j'avais d'abord eu l'intention de suivre la rive gauche de la Garonne, M. Maurice Martin me conseilla de prendre la rive droite, plus pittoresque ; je n'ai pas eu lieu de le regretter, car le paysage est parfois charmant le long de cette riche vallée de la Garonne.

A la sortie de Bordeaux, la route, bordée de hauts peupliers, se trouve encaissée entre la colline dont on suit constamment la base et une série de villages très rapprochés, entourés de beaux vignobles.

Je traverse successivement Floirac (4 k.); Bouillac (3 k.). Un peu avant Cambes, je m'approche de la Garonne, que j'avais perdue de vue depuis Bordeaux ; l'horizon est plus large ; à gauche, des coteaux abrupts, sur lesquels j'aperçois fréquemment de coquettes villas, de petits châteaux d'un aspect plus sévère, d'où l'on doit jouir d'un bien beau coup d'œil ; à droite, le fleuve qui s'éloigne de la route à plusieurs reprises à cause des nombreuses sinuosités qu'il décrit sur son parcours, sur l'autre rive, la célèbre région de Sauterne et ses fameux vins blancs.

A Langoiran (26 k. de Bordeaux), je fais halte pendant quelques minutes et prends une légère collation. Paillet (2 k.); Rioms (3 k.); Cadillac (4 k.), petite ville ancienne ayant encore des murs du XIVe siècle. Ancien château des ducs d'Epernon, transformé actuellement en hospice d'aliénés et maison centrale pour les femmes. Au milieu de la ville, la route passe sous une porte moyen âge.

Loupiac (3 k.); Saint-Macaire (10 k.). Un kilomètre avant Saint-Macaire, on prend, à droite, une petite route qui passe un peu plus loin sous le viaduc du chemin de fer de Bordeaux à Marmande, bel ouvrage d'art en ligne courbe de 32 arches de 16 mètres d'ouverture chacune. On franchit la Garonne sur un pont suspendu et on pénètre dans Langon, petit port assez actif, où la marée se fait encore sentir.

A partir de Langon, le trajet devient très irrégulier; pour avoir un parcours véloçable, il faut emprunter à plusieurs routes ou chemins différents.

On doit prendre la route de Bazas; sitôt sorti de la ville, après avoir franchi un ruisseau, le Briou, suivre à gauche un petit chemin qui commence par une montée courte et dure ; à deux ou trois kilomètres, la route passe à travers bois et descend en pente douce jusqu'à la petite vallée de la Beuve, que l'on traverse. J'atteins Auros (11 k.), par une côte de 1,500 mètres environ. De ce village, on a une très belle vue sur la droite.

D'Auros à Grignols, je parcours la lande boisée. Jusqu'à Casteljaloux (15 k.), le trajet est assez accidenté, mais les côtes ne sont pas très longues et rarement rapides.

A Casteljaloux, j'entrai véritablement dans les grandes landes, où le paysage prend subitement un nouvel aspect, qui produit sur le voyageur une impression bizarre. Casteljaloux est une petite ville industrielle où l'on fabrique des eaux minérales ; dans le voisinage, des forges et des papeteries utilisent les eaux du ruisseau l'Avance.

***

Les landes étaient autrefois une vaste région complètement plate, d'un aspect tantôt noir, tantôt blanc rougeâtre, constitué par un sol pauvre à base d'argile et de sable. A la longue, les infiltrations de matières organiques ont en certains endroits modifié les couches de sables qui ont pris la consistance et la texture du grès.

Ces bancs de grès compacts nommés « *alios* » ont offert un sérieux obstacle à la végétation forestière, car ils ne se laissent pas traverser par les racines, préviennent tout échange de gaz et d'humidité entre l'atmosphère et le sous-sol parce qu'ils sont imperméables. Sur ces terrains ingrats poussaient péniblement quelques arbres, des herbes chétives, formant des pâturages immenses où des moutons d'une race rustique devaient faire des lieues entières pour trouver un peu de nourriture.

On trouve encore dans le département des Landes beaucoup de régions incultes ; le paysan comprend difficilement qu'un défrichement méthodique lui donnerait des produits rémunérateurs. La longue habitude qu'il a d'utiliser le terrain tel qu'il est, est un sérieux obstacle contre une culture rationnelle et productive.

Depuis une vingtaine d'années, cependant, l'Etat s'est préoccupé de cet état de chose, et il s'efforce de tirer partie de cette contrée singulière couverte d'ajoncs et de bruyères, où les plantes croissent péniblement et prennent des formes rabougries. Il est vrai que les Landes, en raison de leur constitution, étaient tellement inondées l'hiver qu'il était impossible de s'y aventurer ; on entreprit presque partout un service d'assainissement par un système de canaux et de fossés à ciel ouvert qui fit disparaître toute trace d'eau stagnante. On a exécuté ensuite, en beaucoup d'endroits, des semis de pins et de chênes-liège qui ont très bien réussi ; en quelques années, malgré la rapidité de leur croissance, ils ont fourni au commerce et à l'industrie des produits de bonne qualité.

Par suite de ces plantations fréquentes, la physionomie du pays tend à se modifier. On voit moins aujourd'hui de ces espaces immenses où le regard attristé se repose sans enthousiasme sur un horizon indéfini, interrompu çà et là par quelques maigres bouquets de bois.

Sur ces vastes plaines, des moutons à laine courte broutent paisiblement ; quelque part, le pâtre, immobile, monté sur ses hautes échasses, appuyé sur sa longue houlette, regarde d'un œil terne, vide d'expression, son troupeau de bêtes. Parfois, sa rude voix se fait entendre, et aussitôt des chiens roux, couchés paresseusement à ses côtés, se lèvent, partent comme une flèche pour aller chercher au loin les moutons qui s'éloignent des limites assignées.

Tout est petit, mesquin dans ce pays. Les Landais, vifs, éveillés, ont une taille au-dessous de la moyenne ; la race bovine paraît dégénérée ; toutefois, le bœuf est trapu, parfaitement pris dans ses membres à cornes longues recourbées, d'une grande sobriété et d'une résistance considérable à la fatigue. Les chariots sont rustiques, de petites dimensions, confectionnés pour de faibles charges, ce qui se conçoit, car les routes sont rares dans le département, les chemins mauvais, à peine tracés, remplis de fondrières, circonstances qui rendent les charrois pénibles, fatigants.

Jusqu'à Saint-Justin, j'ai vu les deux genres de paysages, forêts et landes alternant ensemble.

La forêt commence en sortant de Casteljaloux ; à peine y étais-je engagé, que j'éprouvai un brusque changement de température ; cette variation rapide de l'état atmosphérique s'explique aisément.

Sur le plateau qui précède Casteljaloux, malgré les chauds rayons du soleil, il faisait presque froid par suite de la forte bise qui soufflait ; mais dans les bois, le vent, amorti par les arbres, se faisait moins sentir, et l'atmosphère semblait plus chaude.

La route traverse parfois de longues éclaircies, entièrement recouvertes de bruyères, où se trouvent des lagunes remplies d'eau l'hiver ; plus loin, on atteint une portion plus ombragée où des chênes poussés vigoureusement s'étendent au-dessus de la chaussée et se touchent par leurs branches en certains endroits. Les espèces qui dominent sont le pin maritime et le pin sauvage. Leurs troncs crevassés, jaunes ou gris noirâtres, laissent pendre parfois de grandes plaques d'écorces ; ils s'alignent sur le bord de la route comme des soldats en vedette et se montrent du fond des bois en quantités innombrables ; chacun d'eux présente une entaille blanche par où s'écoule la résine qui tombe en filaments visqueux dans de petits godets en terre placés au-dessous. Toute cette végétation surchauffée par un soleil ardent dégage une senteur douce, parfumée qui imprègne l'air agréablement. Devant moi, la route poudreuse, blanche, toute droite, se perdant au loin entre les bords de la forêt qui semblent se rejoindre à quelques kilomètres de là ; en haut, la tempête secoue les arbres avec violence, et paraît à chaque instant devoir abattre les cimes qui dominent. Le vent s'engouffre largement à travers les branches des chênes dont il fait craquer la puissante ossature ; il passe entre les feuilles vigoureusement fouettées en produisant un sifflement aigu, prolongé, tandis qu'il glisse sur le feuillage sombre et épais des sapins, dont les petites feuilles en forme d'aiguilles s'entrechoquent les unes contre les autres en produisant un grésillement particulier et un bruissement étrange.

Pompogne (7 k. 5) ; Houeilles (6 k. 5), petit chef-lieu de canton de 1,000 habitants environ, où l'on trouve un hôtel sur la droite ; dans la traversée du bourg, la route est bordée de magnifiques platanes ; le sol est assez bon, parfois médiocre depuis Casteljaloux ; mais il devient excellent dès qu'on entre dans le département des Landes.

A partir d'Houeilles, la route s'infléchit peu à peu vers le Sud-Ouest et bientôt, j'eus à lutter terriblement contre le vent que j'avais eu de côté tout d'abord et qui maintenant me prenait de flanc et en avant.

Lubbon (11 k. 5), petit village de 400 habitants ; Lapeyrade (5 k. 5), où j'arrive à cinq heures ; il me reste 17 kilomètres pour aller à Saint-Justin, où je m'étais proposé de dîner. Fatigué par le vent qui avait soufflé toute la journée, je me décidai à coucher dans l'unique hôtel qui se trouve à droite, sur le croisement de la route de Gabaret, hôtel propre et coquet, qui, paraît-il, reçoit beaucoup de voyageurs, bien qu'il n'y ait autour de lui que deux ou trois maisons. Sa prospérité est due à diverses foires importantes qui se tiennent sur la route, dans son voisinage. Je ne regrette nullement cette nuit passée au milieu des bois ; j'y ai trouvé le soir, en me promenant, ce calme profond qui existe toujours dans les hautes futaies.

A quelques pas de l'hôtel, se trouve une usine à essence de térébenthine, que je suis allé visiter rapidement avant la nuit. Ayant eu l'occasion de rester une partie de la soirée avec le contremaître de l'usine, j'ai pu apprendre dans ses détails les différentes phases de la fabrication de l'essence.

La résine est recueillie dans de petits godets en terre ou en fer-blanc fixés aux pins, au-dessous d'entailles faites à travers l'écorce ; le produit obtenu se nomme térébenthine brute ou *gemme* ;

une portion qui est exposée au soleil et à l'air, sous une mince épaisseur, se solidifie ; on la met à part, c'est le *galipot*. La térébenthine, conduite à l'usine, est soumise à la distillation. Pour que l'opération soit plus régulière et surtout pour éviter les accidents (l'essence de térébenthine étant très inflammable), on distille à la vapeur d'eau. Le résidu de la distillation constitue la colophane. Si, avant de laisser refroidir la colophane, on la brasse avec de l'eau, on obtient une masse opaque : c'est la *poix-résine*. Sept à huit hectares de pins donnent 3,600 kilogr. de gemme et 1,600 kilogr. de galipot.

Vers dix heures, après une courte promenade sur la route et sous bois, j'allai chercher un repos bien gagné.

RÉSUMÉ DE LA QUATRIÈME JOURNÉE

Bordeaux à Grignols	76 k.
Grignols à Lapeyrade	46 »
Total	122 k.

Bordeaux 17K

o Cambes (Hôtel)

7k3

o Langoiran { Hôtel du Commerce

2k

o Paillet

3k

o Rions

4k500

o Cadillac

2K

o Loupiac { St Macaire à 10k

Pas de côtes sensibles jusqu'à Langoiran (Bon sol)

R. Bordeaux

Cambes (873 h)

Baurech

R. Bordeaux

Tabanac

Ligne Toulouse

R. Toulouse

Garonne

Station

Portets

R. Créon

Langoiran

Lestiac

Paillet (900 h)

Arbanats

R

Rions (1081 h)

Garonne R

Podensac

Bègue

Cérons

Cadillac

Loupiac (1030 h)

Loupiac 3 K

Sᵗ Croix
du Mont

6 K

Langon

Hôtel du
Cheval
blanc

9 K

Sᵗ Germain

Auros 3 K

de Langon
Casteljaloux 40 K
Lapeyrade 71 K
Sᵗ Justin 87 K

Plateau à Langon

moyennement accidenté

assez bon
ou passable

longue
descente

côte dure

Ancienne Bordeaux

R. de Bordeaux

Garonne Fˡᵉ

R. de Bordeaux

Sᵗ Croix
du Mont

Verdelais

R. de Bordeaux

R. Villandraut

R. de Bazas

Langon

Ruisseau

R. de Bazas

Sᵗ Macaire

Sᵗ Germain
d'Auros

Euvron R.

St Germain à 3k
Auros (616 h)
all. 100

15 K

Grignols (Hôtel Couregelongue à droite)
(all. 117)

K

all. 119

Auros
R. de Castets
Berthez (227h)
R. d'Aillas
Lados
R. d'Aillas
Igans
R. Bazas
Mitton
R. la Réole
Sendets (424h)
Masseilles
R. Bazas
R. St Bazeilles
Grignols
Cours

Sol excellent quelques côtes

Descente ces les cours
peu chemin

Antagnac

8K

Casteljaloux (Hotel du Centre) (alt. 72)

de Casteljaloux
Lapeyrade 31
Villeneuve de Marsan 64 K

7K

Pompogne (477h)
alt. 92

alt. 143
Houeillès
Lubbon 12 K

Antagnac
R. de Langon
Bouziac
St Martin
Avance R.
R. Marmande
Casteljaloux
R. St Michel
R. Nérac
Avance R.
Pindères
Pompogne
Forêts
Forêts
Houeillès
Hôtel du Centre à droite

Sol assez bon

Lubbon (Houeillès 12 K)

Lubbon

6 K

Sol excellent

Lapeyrade

St Justin 17 K

Sol assez bon ou médiocre

Ciron R.

R. d'Agen

Lagune

Lubbon

Forêts

Forêts

Lapeyrade

R. Gabaret

Estampon R.

Estigarde

CHAPITRE V

De Lapeyrade à Tarbes

SOMMAIRE

Toujours la forêt. — Aire-sur-l'Adour. — Déjeuner mouvementé. — Vallée de l'Adour. — Maubourguet. — Tarbes. Histoire de cette ville. — Origine du mot Pyrénées.

Je quitte Lapeyrade à cinq heures. La route qui traverse presque aussitôt un petit ruisseau, l'Estampon, est abominable et complètement défoncée pendant 5 kilomètres. Cet état du sol est dû, paraît-il, aux nombreux charrois que nécessite la construction d'un chemin de fer voisin. Après quelques landes marécageuses, les bois cessent complètement et font place à des champs cultivés, les premiers que je voyais depuis Casteljaloux. Je venais, en effet, de parcourir plus de 60 kilomètres de forêt.

Une longue descente me conduit au fond d'une petite vallée, et j'arrive à Saint-Justin (17 k.) où je fais une halte de quelques minutes. Dans le bourg, montée assez dure.

Au delà de Saint-Justin, je pénètre de nouveau dans la forêt. De hauts peupliers, serrés les uns contre les autres et qui se touchent jusqu'à leurs sommets forment, de chaque côté, deux puissants rideaux de verdure. Une fine rosée s'était déposée pendant la nuit sur les feuilles et les talus gazonnés qui bordent les fossés. Maintenant, des vapeurs s'élèvent du sol, s'accumulent au-dessus des bois en un brouillard intense ; le ciel, pur il y avait une heure à peine, s'obscurcit et se garnit de gros nuages à teinte cuivrée qui masquent les rayons du soleil et me font craindre une averse. De temps à autre le tintement des petites clochettes pendues au cou des bestiaux qu'on mène aux pâturages, trouble seul le silence de la forêt presque déserte à cette heure matinale ; parfois, une vache égarée du troupeau, broutant à quelques mètres de la route, lève sa tête curieuse entre les arbres et me regarde passer avec étonnement.

J'arrive à Pille-l'Ardit (7 k.) au croisement de la route de Roquefort à Villeneuve ; j'oblique à gauche pour aller directement à Aire-sur-l'Adour. Pendant deux ou trois kilomètres, d'énormes chênes plusieurs fois séculaires recouvrent complètement la chaussée de leur épais feuillage ; le site est délicieux ; par contre le sol, bon jusqu'à présent, devient mauvais. Le paysage s'éclaircit plus loin et présente peu d'intérêt jusqu'à Aire.

Huit kilomètres : Villeneuve-de-Marsan, chef-lieu de canton situé dans la vallée de la Midouze. L'église paroissiale possède une tour surmontée d'un clocher élancé.

Saint-Gein, à 6 k. 500.

Bientôt, dans le lointain, je commence à apercevoir les collines qui bordent au sud la vallée de l'Adour.

Depuis Saint-Justin, j'ai constamment scruté l'horizon pour essayer de découvrir la chaîne des Pyrénées ; malheureusement, le temps était couvert, et je n'ai pu distinguer les montagnes que bien au-delà, à Maubourguet (27 kilomètres de Tarbes).

Il n'était que dix heures quand j'ai atteint Aire (16 kilomètres), petite ville commerçante de 5,000 habitants dont les Visigoths s'emparèrent et qui servit de résidence à Alaric II. J'avais donc un peu de temps devant moi ; aussi je n'ai fait que traverser Aire pour m'engager immédiatement sur la belle route de Tarbes. A onze heures moins le quart, j'étais à Saint-Germé, petit bourg de 470 habitants. J'ai presque regretté de ne pas être resté à Aire, où l'on doit sûrement trouver de bons hôtels, car à Saint-Germé, il m'a fallu parlementer longuement avec le patron de l'unique établissement que j'ai vu sur la route pour obtenir qu'il voulût bien me servir à déjeuner. J'étais secondé, il est vrai, par un Toulousain qui se trouvait dans les mêmes conditions que moi ; après bien des pourparlers, on nous préparait un repas ; mais il était deux heures passées quand je quittai Saint-Germé, assez en retard sur mon horaire, car je voulais coucher le soir même à Tarbes (60 kilomètres).

A 6 kilomètres de Saint-Germé, tourner brusquement à droite, traverser l'Adour pour arriver à Riscles ; dans ce bourg, tourner à gauche.

*
* *

La vallée de l'Adour, très large d'abord, se rétrécit peu à peu jusqu'à Tarbes ; la route, qui longe le chemin de fer, n'offre pas de côtes appréciables ; le paysage est assez joli au début, mais par suite

4

de son uniformité, il finit par devenir monotone ; il me manquait, ce jour-là, son principal décor : la vue des Pyrénées.

A Cahuzac (6 kilomètres), on traverse le chemin de fer de Mont-de-Marsan. Je laisse sur la droite Castelnau, perché sur une colline, et j'arrive à Maubourguet (14 kilomètres) en pleine foire, ce qui me rend la traversée de la ville assez pénible. Maubourguet possède une église bâtie par les Templiers, au XIVe siècle. Quelques chapiteaux d'une ancienne abbaye ont été recueillis et transportés à la mairie de Tarbes. Je m'arrête quelques instants pour prendre un peu de repos.

Jusqu'à Tarbes, sol excellent ; de chaque côté de la route, des buissons épais et élevés masquent un peu la vue ; dans les fossés, coule une eau claire, limpide. La direction du courant montre bien qu'on s'élève en pente douce vers le chef-lieu des Pyrénées.

C'est entre Maubourguet et Vic-de-Bigorre que je commençais enfin à distinguer les Pyrénées. Bien des fois avant, j'avais été victime d'une illusion, car je prenais pour la montagne les nuages blancs que je voyais dans le lointain ; illusion qui cessait dès que je voyais ces nuages mobiles changer de forme, de couleur et se fondre les uns dans les autres. Pour les personnes non habituées aux pays de montagne, la confusion est permise, car souvent le soleil invisible, éclairant vivement un brouillard épais qui est à l'horizon, donne l'aspect de ces immenses couches de neige recouvrant les cimes élevées. Mais cette fois, je ne m'étais pas trompé, et le profil, d'abord confus, des Pyrénées, finit par trancher nettement sur le ciel brumeux.

Bref, j'arrive à Vic-de-Bigorre (9 k.). et enfin à Tarbes (18 k.), à 5 heures du soir. Je vais immédiatement conduire ma bicyclette à l'hôtel de Paris, où l'on est fort bien reçu, le patron de l'hôtel étant vélocipédiste lui-même. Avant la fin du jour, je visite la ville.

TARBES

L'histoire de Tarbes est assez mouvementée; elle a été très éprouvée par les guerres de religion. Quelques épisodes montreront jusqu'à quel point le fanatisme est allé dans ces luttes atroces, sans merci. Le duc de Montgommery, chef des protestants, chassa les catholiques, mit à sac les couvents et les églises. A peine les habitants étaient-ils rentrés dans leurs murs qu'un second chef huguenot les obligea de nouveau à fuir. Huit cents d'entre eux résistèrent énergiquement et essayèrent d'arrêter l'envahisseur en élevant des barricades. Le combat fut ardent de part et d'autre, sauvage, sans pitié, mais il fallut succomber devant le nombre; ces huit cents braves furent massacrés jusqu'au dernier. Après ce carnage,

Tarbes resta inhabitée pendant trois ans et l'herbe, dit-on, poussa dans les rues. C'est en 1570 que les Tarbéens purent rentrer dans leurs demeures, mais la paix fut de courte durée et les guerres reprirent plus violentes que jamais. La haine des partis fut si brutale, les représailles si cruelles, qu'un grand nombre de paysans quittèrent la contrée pour s'enfoncer dans la montagne ou aller en Espagne, d'où ils ne revinrent jamais.

La principale curiosité de Tarbes est son magnifique jardin Massey. Ce jardin a été donné par un ancien directeur du parc de Versailles ; on y voit des plantes exotiques, des arbustes rares et des tapis de gazon d'une fraîcheur remarquable ; au milieu se trouve le musée.

Tarbes fait un commerce très actif d'excellents petits chevaux secs, nerveux ; le champ de course, peu éloigné de la ville, attire chaque année une affluence considérable d'étrangers.

Le patron de l'hôtel, homme très serviable, m'a donné quelques renseignements sur la vallée du gave de Pau, qu'il connaît parfaitement. Il m'a même remis une carte qui devait me permettre d'entrer en relation immédiate avec M. Vaussenat, le regretté directeur de l'Observatoire du Pic du Midi.

RÉSUMÉ DE LA CINQUIÈME JOURNÉE

Lapeyrade à Saint-Gernie.	65 k.
Saint-Gernie à Tarbes	63 »
Total	128 k.

Sol excellent

Lapeyrade 17K
(alt. 140)

R. Roquefort
Station à 11K

arrouille (355H)

R. Gabarret

Douze R

Bastide Armagnac

R. Cazambon

St Justin (alt. 95)
Hôtel de France

Douze R

St Justin

de St Justin
Villeneuve 15KS
Aire s/Adour 38K400
Tarbes 110K

Forêts

7KS

Sol excellent

Lacquy

R. Roquefort
Station à 8K

Fille l'Ardit

Pille l'Ardit

R. de Mont de Marsan

Pouydessaux

Villeneuve de Marsan à 8K

Forêts

Midouze R.

Villeneuve de Marsan

Villeneuve (H. Montbrugnet)

R D'Arthez

7 k

Forêts

Ludon R.

Etang

St Gein (7094) - - St Gein

Houteaux

R Mont de Marsan

1 k 200

R Nogaro

Marquestau (hameau)

Marquestau

Forêts

Forêts

1 k 500

Lévignac

Lévignac

Cazères sur Adour

Ch de fer

Aire 4K

R Mont de Marsan

Adour R.

accidentés, côtes fréquentes, courtes, sol parfois raboteux

Lavignan 4 K
Aire
Hôtel de la Paix
Barcelonne
R. d'Oléron
Aire
Route de Villeneuve
Station
Barcelonne
Plat ou en rampe très douce jusqu'à Tarbes (Sol excellent)
Ch. de fer Mont de Marsan à Tarbes
d'Aire à Adour
Maubourguet 44 k 5
Tarbes 71 K
8
Adour R.
St Germé
St Germé
Station
St Mont
Tarsac
7 K 5
R de Pau
Adour R
R. Nogaro
Riscle (Hôtel de France)
Riscle
Rte Tarbes par Plaisance
R Tarbes par Cahuzac
Cahuzac 6 K

Riscle à 6K
Cabuzac
Cabuzac (1405h)
Préchac
Nord
6KS
Plat en rampe insensible très-long vel
Castelnau
Castelnau
Ligne M. de Marsan à Tarbes
Adour R
5K
Soublecause (40 h)
Soublecause
Caussade
Maubourguet 8KS
Villefranque (station)
Sud
Sombrun

Soublecaux à 8K
Maubourguet (H. St Germain)
R Labitte
Maubourguet
R Plaisance
Tarbes 27K
Lourdes 46K
Adour R
Larreule
Nord
9K
Nouilhan
Aballe
R. de Pau
Vic de Bigorre (Station)
Vic de Bigorre
H. de la Poste
R Rabastens
Sud
4K
Camalès
Pujo
Pujo
Ligne de Tarbes
3K
Andrest
Tarbes à 10K
Andrest
(Station)

Nord

Andrest 10K Sud

F. Mont de Marsan

F. Maubourguet

Adour R

Borderes

Jardin Massey

R. Limoges

Tarbes (H. de Paris)

R. Bayonne

R. Toulouse

Luz 51K
Gavarnie 70
Lourdes 19

5K5

Ch de fer de Bayonne

Tarbes

Laloubière

Jullian

Jullian

Odos

Horgues

R. Bagnères de Bigorre

Adé 8K5

R. Ossun

Louey

Lanne

CHAPITRE VI

De Tarbes à Gavarnie

SOMMAIRE

Pyrénées. — Alpes. — Lourdes. — Basilique. — Glacier d'Argelès. — Origine de la bicyclette. — Vallée de Lourdes. — Abbaye de Saint-Savin. — Le paladin Roland. — Argelès. — Gorge de Luz. — Vallée de Luz. — Saint-Sauveur. — Gèdre. — Chaos. — Gavarnie.

Mercredi, 5 août, lever à cinq heures; après un rapide coup d'œil jeté sur ma bicyclette, je monte en selle. Le temps est couvert, la route boueuse, gluante, donne beaucoup de tirage. A peine sorti de la ville, que je pus examiner à mon aise le massif montagneux dans lequel j'allais pénétrer et dont je me proposais de voir les merveilles.

Les Pyrénées sont loin de ressembler aux Alpes comme aspect; elles forment entre la France et l'Espagne une large bande de montagnes dont les deux versants présentent des différences considérables dans leur physionomie et dans leur structure. Le profil de la chaîne est moins sinueux, moins déchiqueté que celui des Alpes; on voit peu de sommets isolés, d'aiguilles inaccessibles qui se dressent brusquement à une grande hauteur. Tous les monts se tiennent, accolés les uns contre les autres, entassés dans un amoncellement prodigieux. Aussi, les cols, les passages, sont la plupart très élevés, les moyens de communication avec l'Espagne assez difficiles en raison de leur altitude et de la difficulté d'y arriver. Les vallées sont cependant profondes, encaissées et pénètrent jusqu'au cœur du massif, puis se terminent brusquement devant des escarpements à pic. Des sentiers à peine tracés seuls permettent de franchir la crête, à pied ou à dos de mulets.

Une légende est attachée à l'origine du mot Pyrénées (1). La mythologie nous raconte que Pyrénée, fille de Berbrycius, séduite par Hercule et fuyant la colère de son père se refugia dans les montagnes qui séparent la Gaule de l'Espagne. Elle fut dévorée par des bêtes fauves. Hercule ayant trouvé son corps, l'ensevelit dans les montagnes qui auraient pris ce nom. Quelques écrivains font dériver ce nom du grec *puros* (feu) et prétendent que les Pyrénées ont été nommées à la suite d'un embrasement allumé par les bergers qui mirent le feu aux forêts.

***

Il se produit fréquemment au voisinage des montagnes un phénomène d'optique très curieux: on perd complètement la notion des distances. Il m'aurait fallu évaluer à simple vue le trajet qui me séparait de Lourdes, que j'aurais dit 4 ou 5 kilomètres à peine; c'est en regardant avec attention pendant quelques minutes les objets d'alentour qu'on arrive peu à peu à se rendre compte de leur éloignement.

---

(1) Larousse, *Dictionnaire.*

Devant moi, en effet, une série de plateaux étagés, à peine inclinés, et comme dans le prolongement d'un même plan. Je vois distinctement les champs de seigle, les arbres qui couvrent les premiers, sur les plateaux suivants, ces mêmes objets deviennent moins distincts, à peine visibles ; derrière, un espace confus, indécis, tranchant par sa teinte brumeuse sur la couleur verte de la plaine qui m'entoure ; dans l'arrière-plan, la montagne dressant son profil sinueux dans les nuages qui parfois masquent les hautes cimes.

La route est en rampe douce jusqu'à Lourdes, je m'imagine cependant être encore en terrain plat ; c'est une illusion que le touriste éprouve très souvent dans les régions montagneuses ; il devient difficile, impossible parfois d'apprécier la déclivité du sol. A chaque instant je crois mon instrument faussé ou les rouages trop serrés. Je regarde par hasard ma carte routière et constate avec étonnement que sur un espace d'environ cinq à six kilomètres, je viens de m'élever de cent mètres.

Il faut dire que les points de repère manquent pour juger de la pente ; l'horizon sans étendue finit à la montagne qui est là, écrasant de toute sa masse imposante, de toute la hauteur de ses pics énormes, le paysage et la plaine se terminant à sa base.

Je laisse sur la droite Jullian (5k.5), Ossun, où l'on remarque un grand nombre de tombes disséminées sur les collines environnantes. Un peu avant Adé, la route s'engage dans une charmante petite vallée. Tout à coup Lourdes apparaît après un détour derrière une petite colline.

***

Lourdes est une petite ville pittoresque, entourée de sites charmants, bâtie au pied d'une colline sur laquelle se voit encore un vieux château qui commandait autrefois la vallée du gave. Elle repose sur un sol très inégal ; aussi les rues sont parfois en pente rapide. On y remarque d'anciens murs qui paraissent avoir été construits par les Romains, la tour de la prison percée d'une arcade sous laquelle passe la route, la place d'Armes où on a dressé une pierre de la Liberté.

Dans les environs, des carrières de marbre et de schiste occupent plusieurs centaines d'ouvriers.

Il est fait mention de Lourdes vers l'an mille ; elle devint capitale de la contrée et le comte de Bigorre y tint sa cour.

Comme Tarbes, Lourdes a eu beaucoup á souffrir des guerres qui ont désolé le midi de la France pendant le moyen âge, elle fut maintes et maintes fois prise et reprise; son importance stratégique la désignait immédiatement à l'envahisseur qui voulait se rendre maître de la vallée du gave. Pendant la guerre de Cent ans, Lourdes passa entre les mains des Anglais qui confièrent la garde du château à Pierre-Armand de Béarn, frère naturel du comte Gaston de Foix. Le Bigorre ne put se soumettre à la domination anglaise et voulut secouer le joug qui l'opprimait ; des soulèvements partiels éclatèrent tout d'abord, puis Duguesclin vint prêter main-forte aux Béarnais qui reprirent rapidement les places qu'ils avaient perdues ; mais tous leurs efforts échouèrent devant Lourdes. Cette ville revint aux Français lorsque les Anglais furent définitivement chassés de la Guienne.

Pendant les guerres de religion, Lourdes soutint plusieurs sièges et fut disputée longuement par les huguenots et les catholiques qui s'en emparèrent tour à tour. Sous la Ligue, le capitaine Incamps y fit une défense héroïque. Aujourd'hui, l'ancien château a été restauré et transformé en un fort où l'on peut loger une petite garnison.

CHATEAU DE LOURDES

Citons un vieil usage que la Révolution a fait disparaître et qui porte bien l'empreinte des coutumes féodales.

Dans cette ville, dit la coutume générale du Lavedan, rédigée en 1704, il y a une seule rue appelée rue du Bourg, « où les femelles sont exclues des successions de leur père, mère, aïeul, par les mâles à l'aîné desquels telles successions sont conservées (1). »

*
* *

La principale curiosité de Lourdes est la basilique, qui se trouve dans une position admirable,

(1) Larousse, *Dictionnaire.*

adossée à la montagne, et ayant à sa droite le gave de Pau. Ce monument comprend deux églises superposées : la première, l'église du Rosaire, sorte de rotonde où sont disposées un certain nombre de chapelles ; la seconde, basilique proprement dite, plus grande, plus profonde, et d'une grande richesse ; en bas, à droite, sur le chemin qui longe le torrent, la grotte que l'on ne doit pas manquer d'aller voir ; on aperçoit sur le rocher qui surplombe cette grotte un nombre fort respectable de béquilles.

On a mis en évidence, en dégageant les abords de la basilique, sur la roche calcaire, de magnifiques surfaces polies, striées, preuve certaine de l'existence du glacier d'Argelès, énorme masse de glace qui comblait toute la vallée à l'époque quaternaire. Ce glacier cheminait lentement vers la plaine, se détruisant à sa base, se reformant à son origine, par les neiges qui tombaient abondamment dans les régions élevées ; il est facile de comprendre qu'il devait, dans sa marche lente, agir énergiquement sur le sol, à la façon d'un immense rabot ; de plus les pierres enchâssées dans la glace et suivant son mouvement devaient opérer comme un puissant burin, marquant sur la roche les stries nombreuses qu'on retrouve aujourd'hui.

(Ces traces visibles, en plusieurs autres endroits, ont permis d'assigner les limites de ce gigantesque fleuve gelé qui s'étendait jusqu'à Andrest, au-delà de Tarbes. Au-dessus de l'emplacement où se trouve aujourd'hui Gavarnie, le glacier avait 1,350 mètres d'épaisseur et 360 au-dessus de Lourdes.) (1)

(1) Elisée Reclus, *Géographie de la France*.

A cette époque, l'homme primitif habitait les cavernes; on ne connaissait pas encore les pèlerinages (autres temps, autres mœurs), et la bicyclette n'était pas inventée; du moins, les géologues, dans leurs nombreuses recherches, n'ont pas trouvé trace de cet instrument dont l'origine se perd dans la nuit des temps, si l'on en croit Gros-Claude. Le vélocipède fut, d'après le même « historien », créé en même temps que l'homme. Peut-être, dans la suite, parviendra-t-on à mettre en évidence quelques fragments de rayons, de billes ou de manivelles provenant d'une machine antédiluvienne.

Des savants, sans scrupules, peu soucieux de la vérité, croient pouvoir affirmer que les énormes ammonites du terrain crétacé n'étaient autres que les roues directrices d'instruments rustiques servant au transport rapide des premiers êtres humains. Cette hypothèse n'est guère croyable, pas plus que la suivante, d'après laquelle les ammonites auraient été des mollusques géants. Ces étranges vestiges des temps passés étaient probablement des produits de l'industrie humaine dont on ignore l'usage. Quoi qu'il en soit, on est absolument certain que si la bicyclette a existé, cet instrument, probablement en raison des nombreux méfaits de l'homme, fut maudit par Dieu et disparut pendant de longs siècles de la surface de la terre.

Que le lecteur veuille bien me pardonner cette digression..... scientifique, et je reprends le cours de mon récit.

Les glaciers qui subsistent aujourd'hui dans les

Pyrénées sont assez restreints ; ils sont fort élevés et ne descendent jamais aux vallées comme ceux des Alpes : tous se terminent à une altitude de 2,000 mètres environ.

Le gave qui vient de la montagne, après avoir traversé Lourdes, semble devoir couler directement au nord, dans la plaine ; il se recourbe aussitôt cette ville pour tourner brusquement à l'ouest. (Autrefois, il se dirigeait vers Tarbes et allait faire un grand détour par Bénac, Ossun et le Pontacq ; mais, refoulé par les encombrements de blocs qu'il avait posés lui-même dans son lit, le gave s'ouvrit un nouveau chemin par le défilé de Saint-Pé, où il passe actuellement) (1).

En descendant le gave du côté de Pau, on rencontre Bétharram, autre lieu de pèlerinage. La chapelle où se rendent les pèlerins fut édifiée au xve siècle en l'honneur d'une statue de la Vierge trouvée d'une façon miraculeuse par de jeunes bergers. Vers l'an 1600, la direction de Bétharram fut confiée à l'abbé Charpentier, qui fonda la congrégation des Bétharramites.

Pendant la Révolution, l'ordre fut obligé de se disperser devant les attaques de Monestier, agent de la Convention. Grâce à l'énergie du maire de Lestelle, la chapelle fut préservée d'une destruction certaine.

Sur les bords du gave on voit une petite statue de la Vierge placée dans une grotte, tenant un

---

(1) Elisée Reclus. *Géographie de la France.*

rameau d'or dans sa main. Cet objet de piété a été posé là en souvenir d'un miracle que racontent les gens du pays : « Une jeune fille cueillait des fleurs sur le bord du torrent, son pied glisse, elle tombe dans les eaux profondes et tumultueuses à cet endroit; une branche vint s'offrir à sa main défaillante; grâce à ce secours inespéré, la jeune fille fut sauvée; aussi, en signe de reconnaissance, elle fit don à la Vierge du rameau d'or que l'on voit aujourd'hui. Un poète béarnais, Vincent de Bataille, a chanté dans de beaux vers cette touchante anecdote.

Sur les bords de mille fleurs diaprées
Mon Dieu la jolie fleurette
Qui se mire dans le cristal
Dans le cristal de cette jolie eau
Et si bruyante et si clairette
Qui va baigner les pieds de Pau.
. . . .
. . . .

Un peu au-dessus de Bétharram, Coaraze montre les ruines d'un vieux château où fut élevé Henri IV. Froissart raconte une histoire singulière sur ce manoir.

Un seigneur de Coaraze perdit un procès contre un clerc d'Espagne et fut condamné à lui payer les dîmes auxquelles il voulait se soustraire. Le clerc vint pour lever ces redevances ; mais le sire de Coaraze s'y opposa énergiquement et menaça même le pauvre quémandeur qui s'enfuit épouvanté. Le châtelain avait oublié cette affaire et n'y pensait plus, lorsqu'une nuit, il entendit un bruit épouvantable dans son château; il crut d'abord que c'était le vent, mais la nuit suivante, le vacarme recommença plus violent encore : des êtres invisibles continuent à bûcher et à tempester. Ils bûchaient à grands coups à l'huys et aux fenêtres de la chambre du seigneur. Qui est là? qui bûche en ma chambre à cette heure? Une voix répond : Je suis envoyé par le clerc de Catalogne. Le chevalier est brave et ne s'effraye point de ce messager bizarre qui avait pris la forme d'un lutin ; il demande à cet étrange émissaire de vouloir bien le servir ; le messager accepte, et chaque nuit vient ensuite réveiller le sire de Coaraze pour lui donner des nouvelles d'Allemagne, de Hongrie... Le comte de Foix eut connaissance de ce prodige et demanda au seigneur de Coaraze de lui céder ce précieux serviteur ; celui-ci y consentit, mais le lutin disparut au moment où il allait être pris et ne revint plus jamais.

En quittant Lourdes, je m'engage dans la vallée du gave. La route est d'abord assez élevée, sur une terrasse qui fait suite à un faubourg de la ville ; mais elle rejoint bientôt le torrent par une descente longue, peu rapide. Me voilà dans la vraie montagne.

Les monts se dressent de tous côtés, les rochers s'entassent et deviennent énormes ; ils se soulèvent à l'horizon en une masse puissante comme pour s'écrouler dans la vallée rétrécie en certains endroits ; leur surface humide, fendue, craquelée, présente par place des excavations, des taches d'un gris sale, larges blessures faites par l'orage et la tempête qui ont détaché un bloc que l'on voit échoué au fond du ravin. Ils ont parfois des pointes aiguës, des arêtes vives, tranchantes ; l'œil suit les limites de ces formes rudes où l'on sent bien toute la dureté du roc et l'inflexibilité des lignes qui profilent leur contour anguleux. Les parois qui s'élèvent de la vallée ont seules cet aspect sauvage, à demi-ruiné ; car les sommets, moins rugueux, couverts d'une mince couche de terre, de gravier, laissent malgré tout pousser une herbe chétive, des broussailles, de maigres arbustes.

Ces premiers contreforts au dos pelé, presque stériles, qui s'avancent sans ordre dans la plaine, ont déjà un aspect formidable ; ils vous préparent à la vue des sites grandioses qui sont plus loin dans le cœur du massif ; on passe, en effet, par une gradation lente des accidents insensibles de la chaîne aux montagnes élevées qui entourent Luz et Gavarnie.

Un peu avant Lugagnan, on franchit le gave pour passer sur la rive gauche ; la vallée étroite depuis Lourdes s'élargit peu à peu et devient une plaine assez bien cultivée. De l'autre côté du torrent, la ligne ferrée se déroule à travers les prés et les champs de seigle. Je traverse Agos-Vidalos (7 kil. 5) où je remarque, sur la gauche, une tour en ruines, Vidalos. La route qui suit la base de la montagne tourne brusquement à l'Ouest par suite d'une inflexion de la vallée, très vaste aux abords d'Argelès. Dans la plaine se dresse un petit massif de 200 mètres d'élévation environ, laissant d'un côté le gave, de l'autre côté un vallon resserré où se trouve Bôo. A Ost (2 kil. 5), la route revient vers la gauche et reprend sa direction première pour atteindre Argelès (3 kil.).

Argelès est une jolie petite ville de 1,700 habitants située sur le gave d'Azun ; les maisons y sont encadrées de massifs de verdure d'un effet pittoresque.

D'Argelès à Luz, le sol est médiocre, recouvert d'une boue argileuse, épaisse, gluante, s'attachant aux caoutchoucs et gênant beaucoup la marche parce que la roue motrice glisse et se déplace avec facilité dans ce sol gras et mouvant.

Une petite descente suit Argelès et on traverse le gave d'Azun. A trois kilomètres, j'aperçois sur la droite le village de Saint-Savin, où se dressent les ruines d'une antique abbaye. Ces ruines méritent d'être visitées, le voyageur fera bien de s'y arrêter quelques minutes.

Cette abbaye eut autrefois une importance considérable et une renommée qui s'étendit au loin. Les moines, dit-on, séparés des choses de ce monde, ignorant les misères humaines, y menaient une vie calme, paisible, priant Dieu et faisant de bonnes œuvres. L'histoire cependant, toujours indiscrète, nous apprend que les supérieurs de ce monastère étaient d'une galanterie proverbiale ; ainsi, à l'époque des processions, l'abbé de Saint-Savin payait d'un baiser un bouquet que lui donnait la plus jolie fille d'Argelès.

L'abbaye sut grouper autour d'elle les populations croyantes de cette vallée du Lavedan si riche en légendes et en contes superstitieux. Pendant longtemps, ce fut une petite république indépendante dirigée par les moines ; citons une coutume bizarre qui montre bien encore la déférence qu'avaient les prélats pour le sexe faible. Les femmes avaient droit au vote, et un jour, il suffit du veto d'une seule d'entre elles pour annuler une décision prise à l'unanimité par tous les citoyens réunis.

« L'origine de l'abbaye est incertaine. La chronique rapporte que saint Savin, fils d'Hentilius, comte de Poitiers, vint se retirer dans des ruines d'une construction romaine : le Pallatium Emilsanium. Charlemagne éleva sur ces débris, sanctifiés par le séjour du saint ermite, le monastère qui acquit bientôt une grande célébrité (1). » Le voyageur y trouvait toujours bon accueil et s'y arrêtait volontiers ; malheureusement, les brigands qui infestaient la contrée en rendaient l'accès difficile. La légende raconte que le paladin Roland y vint un jour ; enthousiasmé de la magnifique réception que lui avaient faite les moines, il s'offrit de débarrasser les environs des bandits et des seigneurs pillards qui rançonnaient le couvent. Il partit en guerre et finit par pourfendre deux géants connus pour leur impiété.

L'abbaye fut détruite en 847, quand les Normands envahirent le Bigorre. Au xe siècle, elle fut reconstruite par Raymond, comte de Bigorre.

Auprès de l'abbaye s'élève une église ancienne qui a été restaurée et classée comme monument historique. Une seule porte donne accès à l'intérieur, où l'on remarque des chapiteaux curieusement sculptés.

Au sud de Saint-Savin, à 400 ou 500 mètres environ, se voit, sur un rocher, une chapelle du VIIIe siècle ; enfin, de l'autre côté de la vallée, on aperçoit le château de Beaucens, ancienne forteresse féodale des comtes de Lavedan.

(1) Larousse. *Dictionnaire.*

⁂

Je m'éloigne de Saint-Savin et me dirige vers Pierrefitte; la vue devient de plus en plus belle, le relief montagneux s'accentue davantage, je commence à voir distinctement les pics de Souloum, de Viscos, qui se dressent devant moi à plus de 2,000 mètres.

A Pierrefitte, le chemin de fer s'arrête. La vallée que je suis depuis Lourdes se termine devant des montagnes énormes: deux fentes étroites débouchent dans la vallée et livrent passage au gave de Cauterets et au gave de Pau. En traversant Pierrefitte, je vois la route de Cauterets qui s'élève en lacets à la base d'une haute terrasse dont la crête s'élève à plus de 1,000 mètres.

⁂

J'entre dans la gorge de Luz, défilé tortueux, étroit, sauvage. La route se trouve sur la rive droite du gave ; je fais un à deux kilomètres et le défilé se resserre de plus en plus. Pour jouir du coup d'œil admirable qu'il m'est donné de voir, je descends de machine et m'arrête quelques instants. Des deux côtés de la route, des pentes abruptes, presque à pic, s'élevant jusqu'aux nues et ne laissant voir qu'une étroite bande du ciel. Jusqu'à une certaine hauteur, les parois sont couvertes d'une végétation touffue, d'un vert sombre; au-dessus, les arbres, les feuilles disparaissent, les pentes se dégarnissent à mesure que la vue s'élève, deviennent à peine visibles, et ne présentent plus bientôt qu'une teinte indécise se confondant avec les nuages qui flottent presque constamment entre les flancs de la montagne. Je vois fréquemment de minces filets d'eau couler à travers le feuillage, tomber sur la route et aller se perdre définitivement dans le torrent qui bouillonne à mes pieds. Çà et là, un énorme rocher se détache hardiment de la paroi, tranche avec netteté sur le vert d'alentour par sa couleur grisâtre, semé de taches noires ou couleur de rouille, dues à des mousses ou des lichens qui essayent vainement de s'incruster dans la pierre ; quelques-uns d'entre eux surplombent la route, menaçants, prêts à s'écrouler sur le voyageur étonné. En bas, à droite, le gave impétueux gronde et mugit en roulant tumultueusement ses eaux sur un lit inégal, encombré de blocs et de cailloux venus de la montagne ; en face, dans la direction de Luz, des pics élevés que je distingue à peine à travers la brume intense qui les masque presque complètement. Ce défilé humide et sombre, où la route, taillée dans le roc, s'élève parfois à 80 mètres au-dessus du gave, est long d'environ 7 à 8 kilomètres. Par moment, la montée est très rude ; aussi est-on obligé d'effectuer une partie du trajet à pied. Un peu avant Luz, la gorge s'élargit et on se rapproche du gave par une pente assez douce ; la vue s'étend davantage et embrasse peu à peu la délicieuse vallée de Luz. On laisse sur la droite Viscos ; un peu plus loin, en face Chézé, je franchis le gave sur le pont de la Hélardère et passe sur la rive gauche.

La vallée de Luz est remarquable par sa fraîcheur, la teinte verdoyante de ses prairies. Les cours d'eau qui descendent des hauteurs ont été utilisés avant qu'ils ne se perdent dans le gave ; les habitants ont creusé de nombreuses rigoles à travers leurs champs, constituant de la sorte un système d'irrigations fort bien compris.

***

Dans ce pays tourmenté, ingrat, le paysan, âpre au gain, lutte péniblement contre la montagne qui paraît jalouse des empiètements dont elle est l'objet ; car, souvent l'hiver par les avalanches, l'été par les orages, les pluies torrentielles, le champ qui se trouve en pente, à mi-côte, est bouleversé, ravagé, entraîné. Le paysan résigné recommence son travail : il fait quelques terrassements, prenant de la terre en haut pour la porter plus bas, adoucit la pente de son champ détruit pour en rendre la culture possible.

Cette culture est pénible, laborieuse, car l'homme ne peut songer à employer des bêtes de somme ; il doit lui-même bêcher, ensemencer son terrain. A la récolte, il coupe le seigle, en fait de petites gerbes qu'il emporte sur sa tête dans de grandes toiles.

Ces petits carrés jaunes de champs de seigle, ces bandes vertes de prés échelonnés dans la vallée ou perchés sur le flanc de la montagne et surplombant parfois le gave de 200 ou 300 mètres, donnent au bassin de Luz une physionomie toute spéciale.

***

« Luz se trouve au confluent des vallées de Barèges et de Gavarnie ; elle était autrefois capitale d'une petite république indépendante dans laquelle plusieurs villages formaient un « *vic* ». Les députés des quatre vics se réunissaient à Luz pour délibérer sur les intérêts communaux.

« Il y avait des coutumes bizarres, empreintes d'une certaine originalité. De temps immémorial, le rôle des impositions se faisait sur des morceaux de bois appelés « *totchoux* » ; dans chaque commune, il y avait un totchoux sur lequel le secrétaire traçait des chiffres dont lui seul avait la signification. L'intendant d'Auch ayant voulu un jour examiner les anciens registres chargea un employé du gouvernement d'aller les chercher ; celui-ci arriva, suivi de deux charretées de totchoux.

Luz

Le pays est pauvre aujourd'hui, il le fut davantage autrefois : « On trouve ici des ordonnances qui réduisent de moitié le nombre des hommes d'armes auquel le pays est taxé se fondant sur les mauvaises récoltes qui sont très fréquentes. Plusieurs fois, pendant les guerres de religion, il fut désert. En 1575, Montluc déclare qu'il est maintenant si pauvre que les habitants d'iceluy sont forcés d'abandonner leurs maisons et d'aller mendier. En 1592, les gens de Comminges ayant dévasté la contrée, les paysans de Bigorre abandonnèrent la culture des terres par manque de bétails et la plus grande partie d'iceux prit la route d'Espagne. Il n'y a pas cent ans, on n'y connaissait que trois chapeaux et deux paires de souliers. (1) »

Je franchis le gave sur un pont de marbre et par une rude montée de 1,500 mètres, bordée de beaux peupliers, j'atteins Luz où je déjeune à l'hôtel de France. Après le repas, je vais me reposer quelques instants sous les arbres d'une terrasse attenant à l'hôtel. En contre-bas coule le gave de Bastan qui descend plus loin à travers les prairies pour aller se perdre dans le gave de Pau. De cet observatoire ombragé, la plaine de Luz apparait tout encadrée de verdure. Les rayons du soleil, tamisés par les nuages peu épais qui trainent à mi-côte, enveloppent toute cette végétation d'une lumière, blanche, douce, agréable; parfois ces rayons passant à travers une éclaircie tombent en une nappe lumineuse sur un coin de la prairie, sur un pan de la montagne, produisant une clarté vive, des reflets qui fatiguent l'œil ébloui.

Des escarpements à pics ferment la vallée, les sommets se voient confusément à travers un brouillard à demi transparent formé des vapeurs qui s'élèvent incessamment du torrent et se condensent vers les cimes élevées.

---

(1) **Taine.** *Voyage aux Pyrénées.*

A mes pieds, les eaux glacées du gave de Bastan descendent en tourbillons serrés entre deux berges verticales; elles coulent à travers les rochers aigus qui se dressent du fond, s'élancent au dessus des blocs arrondis et des pierres branlantes qui encombrent le lit du torrent. Un énorme quartier miné à sa base par les chocs furieux et répétés qu'il subit de la part du courant, oscillait depuis quelques instants. Tout à coup, il cède, culbute sur lui-même, descend à travers ce fond rocailleux, poussé par les eaux qui l'entraînent; il vient tomber avec un bruit sourd dans une cavité profonde, creusée beaucoup plus bas, où il disparaît entièrement.

***

SAINT-SAUVEUR

A une heure, je quitte l'hôtel et par une descente assez longue j'arrive devant Saint-Sauveur, que je voyais au fond de la vallée depuis Luz.

Saint-Sauveur est construit sur une terrasse

étroite à la base de la montagne ; le village est une rue unique où d'un côté les maisons sont appuyées contre des rochers, tandis que de l'autre côté elles surplombent le gave qui coule beaucoup plus bas dans une gorge profonde, curieuse à explorer, et accessible aux promeneurs. On a taillé sur les flancs de ce ravin obscur des allées qui descendent jusqu'au gave et sont soutenues par des talus couverts d'arbustes ou de rampes gazonnées. En haut de Saint-Sauveur, on aperçoit le pont Napoléon, arche immense, jetée sur le gave. « On dirait un gigantesque portique donnant accès à la gorge sauvage où mugit le torrent ; du fond de ce ravin encaissé, l'aspect de l'énorme voûte qui se dresse à 50 mètres au-dessus, est saisissant. Aux extrémités du village sont deux colonnes de marbre qui rappellent les visites princières auxquelles Saint-Sauveur doit sa fortune. »

Les eaux de Saint-Sauveur sont très anciennement connues. Un évêque de Tarbes cherchant, dit-on, un refuge contre les persécutions des huguenots, vint s'établir à Luz. Dans ses promenades, il découvrit les sources minérales actuelles et y fit construire une chapelle portant au fronton l'inscription suivante : « *Vos haurietis aquas e fontibus Salvatoris* ». C'est de là que vient l'origine du nom actuel. Les eaux de Saint-Sauveur restèrent longtemps dans l'oubli ; on reconnut leurs propriétés bienfaisantes sous Charles X ; depuis cette époque un grand nombre de baigneurs s'y rendent tous les ans.

***

La montée jusqu'à Gèdre (12 k.), est continue, mais on peut encore l'effectuer en machine. On reste sur la rive droite du torrent en suivant le pied des Bergons ; à Sia (5 k.), la route passe sur la rive gauche ; deux kilomètres plus loin, elle revient sur l'autre rive par le pont d'Arroucat. La portion de défilé comprise entre ces deux ponts est de toute beauté ; la vallée devient très étroite ; on y chemine comme dans un étroit couloir.

Il semble à chaque instant que cette gorge va devenir une impasse ; au loin, un contrefort descendu des hautes cimes masque la vue, encombre le défilé et paraît toucher l'autre paroi ; on dirait quelque muraille énorme posée entre les deux montagnes et contre laquelle le voyageur va venir se heurter. On avance cependant ; après un détour, la perspective change, les rochers s'écartent pour laisser passer le gave ; la route sinueuse qui suit toutes les capricieuses inflexions de la vallée franchit malgré tout cette passe étroite ; elle s'accroche aux flancs de l'obstacle, détourne le contrefort dont la crête à pic surplombe le lit même du torrent.

La vallée s'élargit peu à peu ; Gèdre se montre à travers des peupliers avec ses maisons basses et sa petite église toute blanche, sur le bord de la route. C'est un petit village perdu au milieu des montagnes et qui semble isolé du reste du monde.

La montée devient brusquement très dure ; la route tourne derrière le village, s'élève à travers des rochers stériles, en décrivant de nombreux circuits. J'atteins une portion de la vallée absolument sauvage où toute végétation disparaît : la roche sombre reparaît dans toute sa nudité : c'est le Chaos, énormes amas de blocs de toutes dimensions provenant d'un éboulement d'un contrefort du Coumély, montagne qui se dresse à gauche à 2,260 mètres de hauteur.

A 5 heures, j'étais à Gavarnie où se trouve un bon hôtel, l'Hôtel des Voyageurs. Gavarnie appartenait autrefois aux Templiers, qui y construisirent une église et un hôpital. En 1307, lors de la destruction de l'ordre, treize Templiers qui étaient à l'hôpital furent massacrés, et on montre encore leurs crânes rangés sur une poutre de l'église.

L'heure avancée ne me permet pas d'aller le soir jusqu'à la cascade; je me borne seulement à faire deux ou trois kilomètres, pour voir de loin la sombre et puissante muraille qui ferme le fond du cirque, le Piméné qui s'élève au-dessus de Gavarnie, a près de trois mille mètres, et les flancs boisés du pic Rouge, dont le sommet est couvert de neige.

En sortant du village, je fus accosté par un guide qui me propose, pour le lendemain, une excursion aux environs de Gavarnie. J'avoue que la perspective d'une ascension, l'idée de voir dans leur ensemble les merveilles qui m'entouraient, me tentèrent fort; malheureusement, j'étais pressé par le temps et je ne pus céder aux sollicitations, aux offres alléchantes qui m'étaient faites. Cependant, si j'avais trouvé un compagnon de route, un touriste voulant se joindre à moi, j'aurais accepté.

Il faut avoir parcouru soi-même ces pittoresques contrées pour comprendre à quelles multiples et indéfinissables impressions est en proie l'âme du touriste qui remonte la vallée du Gave. C'est pour l'artiste et pour le poète une succession de merveilles jusqu'au cirque de Gavarnie, un des spectacles les plus grandioses que puissent contempler des yeux humains.

Cependant, après avoir voyagé quelque temps à travers ces vallées profondes, lorsqu'on est resté plusieurs jours au fond de ces gorges étroites, entre deux murailles élevées qui vous emprisonnent et masquent la vue, on éprouve inconsciemment le besoin de dominer ces sites sauvages, de les saisir dans leur ensemble pour les admirer. Vous n'apercevez qu'un pan de la montagne qui vous écrase de sa masse ; les sommets se devinent à peine ; on sent cependant qu'au-dessus des terrasses surplombant le torrent, il y a tout un monde de rochers, de bosselures qui s'élèvent jusqu'aux nuages et restent invisibles. Mille mètres plus haut, tout va changer, l'horizon paraîtra sans borne. L'œil impatient, avide d'espace, ne sera plus gêné par un contrefort, un obstacle quelconque. Le regard pourra se perdre à son aise dans un espace pour ainsi dire sans limites, libre de toute entrave ; il se posera sur un pic, un sommet, et passera de là, sans effort, sur un autre accident du massif, tandis qu'au dessus de la tête, la voûte du ciel qu'on voit à peine dans la vallée, reparaîtra dans toute son immensité.

En rentrant à l'hôtel, j'aperçois un touriste encore tout équipé qui vient de faire une longue et intéressante promenade dans la montagne ; un guide l'accompagne. Je l'aborde et je puis causer quelque temps avec lui. Il m'apprend que, poussé par le désir de prendre une connaissance exacte de la contrée, il était venu passer quinze jours à Gavarnie pour explorer complètement les environs. L'ascension des montagnes qui forment la crête du cirque présente certaines difficultés ; peut-être, disait-il, certains passages inconnus permettraient d'aborder ces hautes cimes avec moins de fatigue et sans danger. Il me montre une variété de lichen cueillie au sommet du pic Rouge ; c'est le seul végétal capable de croitre à cette altitude, au milieu des neiges. J'ai pensé, dans la suite, que ce touriste intrépide travaillait à la confection d'u' guide de voyage.

L'Hôtel des ' ageurs, à Gavarnie, offre tout le confort désirable : la salle à manger est vaste, propre, bien aménagée. Un bon diner m'a fait oublier les fatigues de la journée, et vers 9 heures je vais prendre un repos bien gagné.

TOTAL DE LA SIXIÈME JOURNÉE

Tarbes à Luz	51 k.
Luz à Gavarnie	19 k.
	70 k.

Nord

Jullian 8 Kl

Ade

5 K

Lourdes

Sud

7 Kl

Agos (355 h)

9 Kl

Ost

3 K

Argelès

1 K

Lau

Ade

Saux

Bartrès

Ch. f. Pau

R. de Pau

Lourdes

(H. des Pyrénées)

Ch. Luz 32 K

Gavarnie 51 K

Gave Pau

R. Bagnères de Bigorre

Aspin

Pic de Ger

Lugagnan (88 h)

R. de Luz

Agos Vidalos

Vidalos

Gave de Pau

Station

Ost

Ch. de Pierrefitte

Boo

Argelès

H. de Lourdes

R. des Eaux-Bonnes

Ayros

Lau Balagnas

Lanbalaguas
(à 3K)
Adast
1K5
Nestelas (H. de France)
Arcizans
Gr. Gavins
(ablaye)
Adast
Ch. de fer
Gave de Pau
Beaucens
Nestelas
Pic
Nertion (1470)
R. Cauterets
Soulomm
Gave Cauterets
Villelongue
Pic d'Ambe
(1661)
Pic Soulomm
Nord
Pic Viscos
(2141)
Gave de Pau
R. de Luz
Vallée très étroite
Montée très dure
Descente sur le gave
13K
Viscosa
Chèzé
Pic Néré
(240
Saligos
Grust
Vizos
Sazos
Sud
Esquièze
R. Barèges
Gave Bastan
Luz (H. de France) (alt. 685)
Pic de Luze
(1837)
St Sauveur
Pont de Sia 5K
Pont Napoléon
Montée Descente rapide

Luz à 8K

Pont de Gia (alt. 796)

Gia

Pont de Gia

Pic Bergons (2070)

Nord

Défilé de Gia

Pont d'Arrouca

Trimbareille

Gèdre (alt. 995)

Gèdre

gave d'Héas

chemin du Troumouse

Sud

gave d'Aspé

Chaos

Coumély

7K

Gave d'Ossoue

(alt. 1350)

Gavarnie

Gavarnie (H. Voyageurs)

Gavarnie

Pic Mourgat (2202)

Piméné (2803) (ascension facile)

gave de Touroste

Route de voitures

Mauvais chemin à faire à pied

Cirque de Gavarnie

Pic Sarradets

Pic Rouge (2776)

Pic d'Estazou

Cascade (al. 1640)

Le Taillon

Cascade

Tour Marboré (3018)

CHAPITRE VII

De Gavarnie à Barèges

SOMMAIRE

Cirque de Gavarnie. — Description. — Habitants de Gavarnie et touristes. — Rencontre à l'hôtel d'excursionnistes toulousains. — Le Chaos. — Gèdre. — Luz. — Eglise de Luz. — Les Cagots. — Route de Barèges. — Vallée d'Ossau. — Barèges.

Le lendemain, 6 août, j'étais sur pied de bonne heure; le temps était superbe, pas un nuage au ciel. Je traverse le village et, par un petit chemin rocailleux, rempli de galets, je rejoins les bords du gave pour me diriger vers le cirque, que l'on croirait éloigné de 500 à 600 mètres à peine. On marche pendant une heure sans paraître approcher; il faut absolument faire le chemin pour se rendre compte de la distance à parcourir.

La vallée est d'abord assez large et suffisamment cultivée, on suit la rive gauche du gave; deux kilomètres plus loin, un pont rustique vous mène sur la rive droite. On traverse une petite plaine étroite, caillouteuse, pour gravir ensuite, par un sentier en lacets, un monticule couvert de quelques pâturages et de maigres sapins; au sommet de cette terrasse presque inculte, j'aperçois distinctement le cirque grandiose, encore éloigné de un kilomètre; en contre-bas, sur un tertre incliné, se trouve une petite auberge, où je m'arrête quelques instants pour contempler cette merveille des Pyrénées. Je m'installe commodément sous un kiosque couvert de bruyères qui se trouve à quelques pas de l'auberge, et je puis enfin regarder.

L'homme se sent accablé en présence de cette muraille à pic, immuable, éternelle, où le monde semble finir.

Toute la pensée est saisie à l'aspect de l'immense paroi qui s'élève tout à coup à plus de onze cents pieds et se développe en un demi-cercle de un kilomètre de diamètre. Les rochers se tiennent serrés les uns contre les autres, se soudent comme pour assurer la stabilité de cette barrière inexpugnable; les fissures se voient à peine on sent qu'elles sont peu profondes et que cet entassement formidable de granit est d'un seul bloc. Le mur est vertical, uni dans toute sa hauteur, sans bosselure ni cavité; aucune plante, aucune herbe, pas même les mousses, ne croissent sur la pierre noircie par l'action du temps et qui semble d'un autre âge; on devine, en effet, qu'il y a des siècles que le roc est là, invincible, dans une immobilité absolue.

Trois étages de montagnes se superposent au-dessus du cirque; le point d'appui est solide, aucune crainte que les sommets s'écroulent! Un tremblement de terre même pourrait à peine disloquer cet amoncellement de rochers massifs!

Sur les gradins qui terminent ce vaste amphithéâtre, se voient d'immenses couches de neige où nul être humain n'a mis le pied; la pente est trop roide, l'abîme qui est à côté trop profond pour que l'on puisse s'aventurer sur ces terrasses étroites, glissantes. Un froid vif règne au voisinage des cimes. Les glaciers étincellent et resplendissent sous l'action des rayons du soleil qui tombent à profusion sur ces pics énormes et sur toute l'étendue de la crête déchiquetée de l'immense excavation.

GAVARNIE

Cette cavité a été creusée par les torrents impétueux descendus des sommets à l'époque diluvienne ; elle présente la forme d'une cuve ou d'une marmite ; aussi les gens du pays la nomment la grande oulle *(olla)*. Une infinité de petits filets d'eau sortent des glaciers, sautent de gradins en gradins et se réunissent en treize cascades pour franchir la dernière assise. Ces petits ruisseaux semblent d'étroits rubans argentés fixés le long des parois, tellement ils paraissent immobiles et sans mouvement à cette distance.

A gauche, se trouve la grande cascade qui tombe d'un seul jet d'une hauteur de 422 mètres à la fonte des neiges. L'été, elle est généralement moins puissante et se rompt dans sa chute sur une saillie rocheuse qui la partage en deux gerbes successives de 292 et 130 mètres.

Si l'on veut visiter complètement le fond du cirque, il est bon de se munir d'un piolet pour marcher sans crainte sur les surfaces glissantes qui avoisinent la cascade ; ignorant l'état du terrain à explorer, je pensais que cet instrument, embarrassant lorsqu'il est inutile, ne me servirait pas ; cependant, à tout hasard, j'en pris un sur les conseils de l'aubergiste. Il faut suivre d'abord le gave pendant quelques minutes ; après avoir franchi le torrent sur un pont de neige durcie, on gravit une pente formée de matériaux meubles, d'éboulis cédant facilement sous le pied, et accumulés là depuis des siècles par les eaux qui détachent et entraînent constamment des pierres du sommet de la montagne. On ne peut approcher la cascade de très près ; l'eau, en tombant, se divise en gouttelettes imperceptibles et forme à la base un brouillard s'étendant assez loin : on dirait un voile transparent qui flotte dans l'atmosphère et s'étale devant la roche noircie.

Cette gaze fine parait avoir la légèreté de la plume, elle ondule avec grâce, se courbe, s'infléchit capricieusement sous l'action du vent, des rafales venant de la vallée. Le spectacle devient féerique lorsque les rayons du soleil éclairent cette haute chute épanouie à sa base et la poussière humide qui s'élève en traînées rebondissantes au-dessus de l'observateur ébloui.

Les eaux de la cascade se rassemblent et vont se perdre presque aussitôt sous un pont de neige, par une ouverture béante, noire, glaciale.

Le gave, faible ruisseau à son origine, grossit peu à peu, alimenté par les eaux qui arrivent de tous côtés ; à quelques cents mètres de là, il est déjà impétueux et coule plus loin dans une gorge étroite, profonde entaille faite dans le monticule qui ferme l'entrée de ce site grandiose et sur lequel se trouve adossée l'auberge. Je fais complètement le tour du cirque et passe sur plusieurs ponts neigeux où je me hasarde timidement ; on peut, je crois, les franchir sans crainte, la neige étant durcie et ayant presque la consistance de la glace.

Je revins à l'auberge où je vis un paysan faire une opération qui m'intrigua beaucoup : il remuait vivement, dans tous les sens, une outre en peau de chèvre. Je lui demande ce qu'il faisait là. « Du beurre, me répond-il. » Comme on le voit les barattes sont primitives à Gavarnie. Le lait est introduit dans ces sacs de peau et remué énergiquement jusqu'à ce que la crême soit complètement séparée du petit-lait.

Après voir quitté l'auberge, je me retournai une dernière fois pour voir dans son ensemble, mieux que dans ses détails ce cirque imposant dont la crête est formée des plus hautes montagnes des Pyrénées.

L'air était ce matin là d'une pureté extraordinaire ; on distinguait parfaitement les différents groupes du massif. A gauche, le Marboré ; en face, l'Epaule, la Tour de Marboré ; à droite, le Taillon, le Gabiétou, le pic des Sarradets. Toutes ces hautes cimes s'élèvent, la plupart à 3,000 mètres de hauteur, 1,400 mètres au-dessus du fond du cirque qui est à 1,600 mètres d'altitude. On donnerait cependant à ces murailles élevées 400 à 500 mètres à peine, parce que tout est hors de proportion avec ce que l'on voit habituellement ; tout est grandiose et admirable. L'esprit étonné reste impuissant et muet devant ces dimensions inusitées qu'il a de la peine à saisir et à comprendre.

Voyant le ciel aussi beau, j'étais tenté de rester l'après-midi pour monter au Piméné, que l'on peut escalader presque sans guide ; mais j'ai bien fait de ne pas mettre mon projet à exécution, car vers dix heures, le temps commençait à se couvrir.

***

En revenant à Gavarnie, je rencontrai plusieurs caravanes de touristes, à cheval, à dos de mulet, et allant voir la cascade.

A la belle saison, ces moyens de transport sont une source de revenus pour le montagnard. Quand une personne arrive de loin, chacun veut s'attirer ses bonnes grâces, montre sa bête, cheval, mulet ou âne, dont il dépeint les qualités, et, au besoin, dénigre la monture de son voisin.

Du reste, les principaux moyens d'existence du paysan pyrénéen sont le seigle, le mouton et le voyageur. Le montagnard est poli, complaisant, mais compte toujours sur un pourboire qu'il considère comme une redevance à laquelle on ne peut se soustraire. Souvent même la candeur avec laquelle il fait appel à votre bourse montre que tout n'est pas calcul systématique chez ces gens rustiques et simples ; ainsi, en sortant du cirque de Gavarnie, après avoir traversé à grand'peine le gave en sautant d'un rocher sur l'autre, je rencontre un jeune homme, le béret à la main, qui me donne (sans que je le lui demande), quelques détails sur les montagnes environnantes ; ensuite, sans fausse honte, il sollicite quelques sous. C'est une façon aimable de mendier ; elle est presque excusable en songeant à l'existence rude qu'imposent aux habitants les rigueurs d'un hiver de six mois.

***

A l'hôtel, je fais la rencontre de trois excursionnistes toulousains qui n'avaient pas osé monter leurs machines jusqu'à Gavarnie, ignorant l'état de la route, très belle partout. C'étaient M. Lafite, pharmacien, président du Véloce-Club de Toulouse, le vice-président, M. Guérin, et un troisième véloceman, M. Fayol. Je lie rapidement conversation avec eux et nous causons tourisme pendant une demi-heure environ. Je quitte à regret ces aimables compagnons ; mais devant déjeuner à Luz et voyant dix heures approcher, je n'ai pas de temps à perdre. Ces Messieurs arrivaient directement de Toulouse, à bicyclette, et avaient suivi la route que je devais parcourir en sens inverse, par Bagnères de Bigorre et le col du Tourmalet. Je dois à leur amabilité certains renseignements qui m'ont été précieux dans la suite.

Jusqu'à Gèdre, la descente est dangereuse ; aussi est-il prudent d'aller à une allure modérée. La route est sinueuse, présente de brusques détours où l'on peut rencontrer des voitures qu'il est difficile d'éviter si l'on marche trop vite. La chaussée n'est pas très large, et offre juste la place pour que deux véhicules puissent se croiser. On a pratiqué, en outre, de distance en distance, des caniveaux pavés qui donnent issue aux avalanches tombant l'hiver du haut de la montagne. Vous devinez d'ici la douce satisfaction que doit éprouver un vélocipédiste à la vue de ces mauvais galets, de ces pierres traîtreusement pointues qui assouplissent la machine, donnent de l'élasticité aux ressorts en provoquant ces mouvements de tangage et de roulis bien connus des cyclistes pédalant sur certains chemins des environs de Paris ; encore ces derniers vont-ils en résignés ; tandis qu'ici le touriste est naturellement porté à une rêverie sans fin, et c'est au moment où son âme attendrie s'épanouit dans la contemplation des sublimes beautés qui l'entourent que de brusques secousses viennent rompre le charme et l'obligent, pendant quelques instants, à compter les cailloux qui dressent sournoisement en l'air leurs pointes anguleuses.

Je traverse de nouveau le « Chaos » formé d'un amoncellement de blocs, de roches de toutes dimensions, placés çà et là, sans ordre, offrant parfois les poses les plus étranges. On en voit reposant sur le sol par leur pointe et qui semblent se maintenir par un prodige d'équilibre ; certains, placés entre des saillies rocheuses, ou supportés par d'autres blocs, prennent à distance des formes bizarres et fantastiques. Quelques-uns, arrondis, plus volumineux, paraissent de loin des monstres endormis, accroupis sur le bord de la route et dont le dos, rugueux, décharné, constamment battu par les eaux de pluie qui rongent la surface, a pris à la longue une couleur gris-noirâtre.

La route chemine péniblement à travers tous ces débris qui présentent à certains endroits l'apparence de ruines informes et donnent à cette partie du défilé un aspect sauvage et désolé.

CHAOS

Un jour la montagne secouée par quelques violentes commotions s'est subitement écroulée : une formidable avalanche de pierres, sortie de ses flancs, s'abîma dans la vallée ; l'énorme trombe de roches dut faire un bruit effroyable dans cette chute fantastique de plusieurs centaines de mètres ; aussi haut que la vue peut s'étendre, ces gigantesques débris gisent immobiles sur une longueur de plus d'un kilomètre ; ils semblent attendre une nouvelle convulsion pour se précipiter du sommet et achever de combler le ravin. La vie paraît s'être retirée de ce triste passage où l'on perçoit seulement le bruit du vent et le mugissement du torrent dont le lit a été exhaussé par cette masse de pierres venues des hauteurs.

Le gave, toujours impétueux, lutte continuellement contre la roche qui a ainsi envahi son domaine; il lutte peu à peu, péniblement, mais avec une persévérance acharnée. L'attaque a été brutale, la roche est tombée là sans crier gare; modifiant la pente, les remous, les tourbillons du cours d'eau, le forçant à se diviser, à s'infiltrer entre ces fragments venus du haut de la montagne; à la longue, l'eau ronge la pierre, l'effrite, la brise en morceaux anguleux qui vont être entraînés plus loin par la violence du courant; les angles s'émoussent, s'arrondissent, et on aura plus bas, là où le cours est moins rapide, ces amas de cailloux roulés qui forment le lit du gave.

A gauche, en face du Chaos, une immense et puissante muraille qui se dresse tout à coup à plus de 400 mètres de hauteur.

La végétation reparaît; la culture est devenue possible à Gèdre, petit village sans beaucoup d'importance qui présente une fontaine à visiter; mais étant pressé, je n'ai pas eu le temps de m'arrêter; cette curiosité, du reste, offre un intérêt secondaire.

Ce village est à la bifurcation de la route de Gavarnie et du chemin qui conduit au cirque de Troumouse, plus large que celui de Gavarnie, mais beaucoup moins imposant.

En sortant de Gèdre, la descente devient un peu moins rapide, sans toutefois cesser d'être pénible. A droite, je vois des champs de seigle qui s'échelonnent en pente roide à la base de la montagne et sont soutenus par des talus en pierre sèche pour prévenir les éboulements ; à gauche, le torrent coule capricieusement au milieu de belles prairies où broutent paisiblement des moutons rustiques et quelques vaches aux formes étriquées. Au détour d'un rocher, j'aperçois brusquement dans le lointain l'étroit défilé que j'avais franchi la veille ; la vue devient très belle. Après le pont d'Arroucat, la route semble suspendue aux flancs de la montagne ; le gave, beaucoup plus bas, se précipite dans un corridor obscur où le soleil ne pénètre presque jamais ; il mugit et gronde dans ces profondeurs, produit un bruit sourd, continu, qui arrive amoindri jusqu'à l'oreille ; l'eau coule avec fracas et on ne la voit pas. Une fente sombre, assez large, où pendent quelques arbustes, où des pierres et des roches tombent et disparaissent à chaque instant, indiquent l'emplacement du torrent.

De Gavarnie à Luz, on descend sans interruption on peut admirer à son aise le magnifique panorama qui se déroule devant les yeux éblouis ; livré entièrement à soi-même dans cette course parfois vertigineuse, on peut constamment plonger le regard dans ce défilé merveilleux, dominer les sites que l'on admire et que l'on va traverser.

J'arrive à Luz à onze heures ; je déjeune de nouveau à l'hôtel de France, où l'on mange d'excellentes truites du gave de Bastan. Après le repas, je vais visiter l'église, que l'on m'avait citée comme curiosité. C'est une construction très ancienne, munie encore de deux tours fortifiées, entourée de remparts crénelés, percés d'un double rang de meurtrières. Cette enceinte devait protéger les pratiquants contre les attaques des Albigeois et des huguenots. Un cimetière attenant à l'église était également compris dans ces remparts. Le guide m'a montré une petite porte, murée actuellement, par où pénétraient les *cagots* qui venaient à l'office.

Les cagots étaient une race maudite soumis à toutes sortes de vexations et de mesures iniques; ils étaient pires que des lépreux ou des pestiférés, habitaient en dehors des villes et ne pouvaient causer qu'entre eux. A l'église, leur place était marquée; il leur était défendu, sous peine du fouet, de s'introduire par la porte principale; c'est par une entrée basse et cachée au public qu'on leur permettait de pénétrer dans le lieu saint; de plus, avant les cérémonies religieuses, on les aspergeait d'eau bénite pour les purifier; encore l'eau bénite dont on se servait était à part dans un bénitier spécial. Quelques églises de la vallée d'Argelès ont conservé ces bénitiers rustiques dont se servaient les cagots; on en voit un dans la chapelle de Saint-Savin.

« Une marque particulière et bien en évidence devait les désigner lorsqu'ils passaient sur les chemins, afin que chacun puisse s'en detourner; on les forçait généralement à orner leurs costumes d'un lambeau d'étoffe rouge. La plupart des commerces leur était interdit; on ne tolérait pas leur présence dans les boulangeries et les boucheries. Quelques auteurs prétendent que cette secte de réprouvés descend des Goths, d'autres pensent que ce sont des chrétiens espagnols venus en France pour échapper à la persécution des Sarrazins. (1) »

On suppose également que les cagots proviennent des croisés atteints de lèpre qui auraient été obligés, en revenant de Terre-Sainte, de se grouper en une tribu isolée pour se séparer complètement de leurs compatriotes.

ÉGLISE DE LUZ

Toujours est-il que pendant longtemps les fidèles ne parlaient des cagots qu'avec une crainte superstitieuse, exagérée encore par toutes les légendes qui se rattachent à leur origine ; aussi, pendant la guerre des Albigeois, furent-ils les premiers à souffrir des horreurs de la guerre civile. Le fanatisme faisait voir dans ces déshérités du sort des

(1) Francisque Michel, *Histoire des Races maudites.*

êtres inférieurs, sans défense, incapables de résister aux coups des oppresseurs qui les poursuivaient sans miséricorde.

Aujourd'hui, il reste, paraît-il, quelques descendants de cette race maudite; la civilisation, depuis longtemps, a eu raison et condamné les rigueurs qui les atteignaient autrefois; mais les cagots restent encore sous le coup du mépris public, mélangé d'un certain sentiment de pitié de la part des populations. Leurs familles, en effet, paraissent dégénérées, et puisque les descendants ne pouvaient s'allier qu'entre eux, ils ont fatalement hérité des affections et maladies de leurs ancêtres.

L'une des tours de l'église de Luz possède un musée d'antiquités. Sur un monticule situé au nord du village se voient les ruines du château de Sainte-Marie, construction du XIVe siècle que l'on peut aller visiter, mais qui offre peu d'intérêt. Ce château fut longtemps entre les mains des Anglais pendant la guerre de Cent ans.

Je quitte Luz vers deux heures et demie, et prend aussitôt la route de Barèges. Il est possible de faire environ 1 kilomètre en machine; mais brusquement la montée devient très dure, on est réduit à pousser l'instrument devant soi. On fait contre fortune bon cœur et on en profite pour examiner à loisir le pays que l'on traverse. Je me suis retourné bien des fois pour jeter un coup d'œil sur la vallée du gave de Bastan; je voyais confusément Luz disparaissant peu à peu au milieu de la luxuriante végétation qui l'entoure de tous côtés; sur la droite, les flancs boisés du pic de Néré; de l'autre côté, le pic des Bergons dont on peut faire l'ascension facilement et d'où l'on a une très belle vue.

J'apercevais dans la direction de Barèges, et comme suspendus aux flancs de la montagne, des maisons, des villages mêmes, semblables à des nids d'aigles, d'un abord difficile et presque inexpugnables. Quatre kilomètres plus loin, après avoir dépassé ces habitations, qu'un pan de roche vertical me masquait momentanément, je les voyais en me retournant; mais cette fois, bien au-dessous de moi, et semblant appartenir au fond de la vallée, rétrécie à cet endroit. Singulier contraste, dû à la pente de la route qui s'élève rapidement en même temps que le torrent.

J'ai vu, le long de la route, plusieurs petits moulins sur le bord du gave. La difficulté des moyens de transport oblige les habitants à moudre eux-mêmes le seigle qu'ils récoltent. L'installation d'un moulin est du reste facile, peu coûteuse; la force motrice existe partout; il suffit de creuser le long du gave une petite rigole de 10 à 15 mètres de longueur pour avoir une chute d'eau suffisante. Dans les vallées boisées telles que celle du gave d'Ossau, on emploie fréquemment l'eau des torrents pour faire aller des scieries mécaniques qui débitent en planches et en madriers les énormes sapins que des bûcherons abattent dans la montagne et font glisser jusque sur la route.

***

J'ai aperçu plusieurs de ces usines rustiques dans un précédent voyage que j'avais fait au pic du Midi d'Ossau.

La vallée d'Ossau n'est peut-être pas grandiose comme celle du gave de Pau ; mais les sites sont tout aussi pittoresques. En sortant de Laruns, on accède dans cette vallée par une immense fente que le torrent s'est creusée depuis des siècles dans le rocher ; on a profité de cette fissure, large de quelques mètres à peine, pour y faire passer la route; mais il a fallu tailler une longue excavation dans la paroi verticale pour construire la chaussée. Le jour paraît à peine dans cette gorge étroite ; à une centaine de pieds plus bas le torrent bouillonne, écume, se heurte avec violence contre la pierre qui l'emprisonne. Un brouillard humide s'élève de ces profondeurs et imprègne de fines gouttelettes les misérables arbustes qui s'accrochent désespérément à ces rochers ingrats ; la lumière manque à cet endroit, la végétation étouffe, se développe avec lenteur ou prend une forme rabougrie. Plus loin, au contraire, lorsque la vallée s'est élargie, on voit les flancs de la montagne couverts de belles forêts.

Autrefois, la route s'élevait sur la montagne en sortant de Laruns pour plonger ensuite dans la vallée de Gabas, où elle arrive aujourd'hui directement. Cette route, très dangereuse, était dépourvue de parapets. Les habitants du pays rappellent un accident terrible qui a coûté la vie à cinq ou six personnes ; une famille anglaise allait en excursion au pic du Midi en suivant ce chemin ; tout à coup, par suite d'un écart brusque des chevaux, la voiture fut précipitée de plusieurs centaines de mètres et vint s'abîmer dans le lit du torrent ; on retrouva à peine les débris du véhicule qui s'était brisé en mille pièces dans sa chute. A l'endroit où s'est produit l'accident s'élève une chapelle. Inutile de dire que ce chemin difficile est aujourd'hui complètement abandonné; il n'est plus suivi que par quelques pâtres qui conduisent leurs troupeaux dans la montagne.

Aux approches de Barèges apparaissent de vieilles montagnes, battues, usées, rongées par les pluies et les coups de vent. Les flancs osseux, déchiquetés par les eaux qui ravinent la surface ont un aspect lamentable; plus de contours arrondis, de formes douces et gracieuses que l'œil aime à suivre et à contempler; tout est rude et sévère; le paysage devient grandiose et sauvage. Aux pelouses gazonnées remplies de fraîcheur du bassin de Luz fait place une herbe chétive, desséchée, recouvrant la montagne comme d'un mauvais manteau jauni, sali de plaques de neige, tout troué par les pointes du roc. Aussi les pâturages sont maigres, difficiles à utiliser; les moutons et les chèvres qui se promènent sur ces terrains se nourrissent avec peine. Quelquefois de grandes masses de terres ou de rochers se détachent des pentes et s'écroulent dans le gave. Le torrent lui-même mugit lugubrement dans cette triste vallée; aucun arbuste, aucune verdure ne vient égayer ses bords; ses eaux semblent perdues dans les blocs noircis qui s'élèvent de son lit et les terres qu'il entraîne. La nature si souriante, si animée de la vallée de Luz devient désolée. A voir tous ces monts rugueux, à moitié ébréchés, ces éboulements de matériaux arrêtés dans leur chute ou gisant dans le gave, ces pics dentés en scie et penchés sur le ravin, on dirait qu'une commotion violente est venue un jour secouer ces montagnes devenues si arides et si difformes.

Je traverse deux fois le gave sur des ponts métalliques. Ces ponts ont été construits pour détourner de la rive gauche du gave, pendant 100 à 150 mètres, la route qui était constamment détruite par les éboulements. A deux kilomètres de là se trouve Barèges.

Un autre chemin, plus anciennement tracé, parait-il, mène à Barèges; il est plus court et permet d'éviter tous les détours du nouveau; mais la pente est trop rapide; il est préférable de prendre la route habituelle qui est plus fréquentée.

En arrivant à Barèges, je fus accosté par un guide qui fut étonné de s'entendre appeler par son nom: c'était Pontis, guide qui m'avait été indiqué par M. Lemoine, de Poitiers. Je m'entendis avec lui pour faire le lendemain l'ascension du Pic du Midi.

Barèges n'offre rien de bien curieux: c'est un village situé en pente, le long de la route, à 1,250 mètres d'altitude. Le climat est rude l'hiver; aussi est-ce une station balnéaire pour de vrais malades, précieuse par l'action bienfaisante de ses eaux, mais qui voit peu de touristes en bonne santé venir s'y installer pour passer une saison. Les eaux de Barèges sont sulfureuses, sodiques, sortent à une température de 30 à 45°. Elles sont connues depuis quatre siècles et ont été mises en vogue par Mme de Maintenon, qui y conduisit le jeune duc de Maine.

La vie est pénible, dure pour les habitants qui sont fréquemment bloqués par les neiges pendant la mauvaise saison. Le commerce avec Luz devient nul; la route est souvent impraticable; aussi la misère est grande l'hiver. Le vin est presque

BARÈGES

inconnu; la base de la nourriture est le pain de seigle, avec un peu de laitage; il ne faut donc pas s'étonner de voir les naturels du pays s'acharner après le touriste pour lui faire donner le plus possible.

Aussitôt arrivé, je vais remiser ma bicyclette à l'hôtel des Pyrénées et je prends la route du parc; un chemin en lacets s'élève à travers bois jusqu'à la base du pic d'Ayré (2,118 mètres); comme il était près de cinq heures, je n'avais nullement l'intention de grimper au sommet de la montagne; je me suis élevé seulement de quelques centaines de mètres pour jouir du coup d'œil que l'on a sur la vallée; malheureusement la vue est limitée pour le touriste s'il reste dans les bois, car il ne voit en face de lui que deux pics qui sont de l'autre côté du gave, le Labas-Blanc et le Péné-Blanque; il faudrait, pour dominer complètement le paysage, monter beaucoup plus haut.

Barèges a subi de rudes assauts de la part des avalanches qui, chaque hiver, se précipitaient du haut de la montagne; ces désastres ont cessé depuis qu'on a boisé le flanc de ces montagnes et construit des banquettes ou petites terrasses maintenues par des pieux qui amortissent le choc de ces puissantes masses de neige, les divisent suffisamment pour les rendre inoffensives dans leur chute. Il n'y a pas longtemps encore que les habitants étaient obligés de fuir l'hiver pour éviter des catastrophes; les maisons étaient des huttes de bois que l'on démontait à la fin de l'automne pour les reconstruire au printemps, car les amas de neiges qui tombaient des hauteurs du Péné-Blanque, rebondissant sur les flancs arrondis du pic, passaient au-dessus du gave et venaient s'abîmer sur le village. Ce qui rendait plus terribles ces chutes d'avalanches, c'est que rien ne les faisait prévoir; le phénomène avait souvent lieu sans cause apparente.

Je suis redescendu des hauteurs presqu'à la nuit, de sorte que je n'ai pas eu le temps d'aller visiter l'établissement thermal, édifice en marbre, construit en contrebas de la route, en haut du village; à gauche est un hôpital militaire fondé en 1760.

Je rentre à l'hôtel au moment du dîner. Nous étions installés dans une salle vaste, froide, humide, à peine éclairée par quelques bougies (le gaz est inconnu à Barèges), paraissant plutôt un réfectoire de couvent qu'une joyeuse table d'hôte. Le repas ne fut pas gai ; une morne tristesse semblait peser sur tous les convives dont la plupart, il est vrai, n'étaient guère portés à la gaîté, puisqu'ils étaient venus pour soulager des souffrances et guérir une affection quelconque. Aussi, je me hâte d'achever le repas pour sortir et faire un tour de promenade ; mais, j'avais compté sans les éléments ; en une heure, le temps avait complètement changé, il tombait de la neige, mélangée d'une pluie froide qui vous glaçait si bien que je grelottais malgré les précautions que j'avais prises de me vêtir. En présence de cette température peu clémente, je ne tardai pas à aller me coucher, augurant mal de la journée du lendemain.

TOTAL DE LA SEPTIÈME JOURNÉE

Gavarnie à Luz.	20 k.
Luz à Barèges.	8 »
Total	28 k.

La carte de Barèges se raccorde avec celle de Luz placée l'avant-dernière, au précédent chapitre.

Tramesaygues
R. Bagnères
Gripp 11K
Col Tourmalet
Pic du Midi (2877)
Hotellerie Tourmalet
Pic Tourmalet (2467)
Col Tourmalet (alt. 2100)
Chemin du Pic
cabane de cantonnier
Lac d'Oncet
Cabanes de Oncet
Pic Merlhen (2640)
Pont de Gambie
Torrent
Canal d'écoulement
Tournaboup alt. 1480
Sentier du Pic d'Ayré
Pène-Blanque (2630)
Lac Bleu
Barèges (H. Pyrénées
Barèges alt. 1232
13K
Nord
Sud
Luz 8K
Bagnères 48
Barèges 8K
de Luz
Vieve
Viella
Pic Nere 2401
Luz
Gave Bastan

CHAPITRE VIII

De Barèges à Bagnères-de-Bigorre

SOMMAIRE

En route pour le Pic du Midi. — La cabane du cantonnier. — Cabane de Toue. — Lac d'Once. — Hôtellerie du Pic. — Rencontre d'un guide. — Visite de l'Observatoire. — La vue au sommet du Pic. — Formation des Pyrénées. — Descente à l'Hôtellerie. — Le Tourmalet. — Fâcheuse rencontre. — La vallée du Tourmalet. — Forêts de sapin. — Arrivée à Bagnères. — Le monde à Bagnères.

Le mercredi 7 août, lever à cinq heures. Il tombait encore de l'eau; je voyais avec regret mon excursion manquée; en outre, la perspective de rester à l'hôtel pendant une demi-journée ne me souriait guère. Tout à coup, vers six heures, la pluie cesse, le temps s'éclaircit, bientôt le soleil se montre et dissipe les quelques nuages qui restaient dans la vallée. Je trouve à la porte de l'hôtel Pontis, fidèle au rendez-vous.

Nous nous mettons aussitôt en route, mais quelle route, mes amis, un vrai chemin de traverse. De Luz à Barèges, le sol est très bon ; à partir de ce village il est mauvais, glissant; aussi la montée devient-elle pénible ; malgré cela, nous allons à une allure assez vive, tous deux poussant l'instrument, qui se laisse docilement conduire. A certains endroits nous trouvons des cantonniers occupés à enlever des pierres et des fragments de roche assez volumineux descendus de la montagne pendant la nuit.

Après trois kilomètres de marche, nous sommes à Tournaboup (1,450 mètres d'altitude) ; la route quitte momentanément le gave de Bastan, pénètre dans un vallon étroit, rocailleux, rempli de pierres et d'éboulis entraînés des hauteurs par les pluies et les orages. On franchit dans le fond un torrent qui est presque à sec à la belle saison, et par un immense détour on rejoint la vallée que l'on vient d'abandonner il y a quelques instants. La pente reste toujours très forte et nous montons maintenant le long d'un puissant contrefort du Campana, montagne qui se dresse à notre droite à 2,400 mètres environ. Le sol devient de plus en plus mauvais ; comme la fatigue commence à se faire sentir, nous nous arrêtons un moment pour prendre un peu de repos. Je profite de cette pose pour examiner le paysage qui s'offre à notre vue. Devant nous se dresse le Pic du Midi, que le guide venait de montrer. L'horizon, borné jusqu'alors, s'étend de plus en plus. Barèges apparaît à peine dans les profondeurs de la vallée, tandis qu'au delà et au-dessus de la chaîne des pics qui ferme la gorge de Luz, on commence à distinguer les montagnes de Cauterets. Sur notre droite, se voit une immense échancrure entre deux sommets aigus complètement dénudés. C'est le col du Tourmalet, que je devais franchir dans l'après-midi. La végétation s'éclaircit peu à peu ; les mousses même disparaissent, le paysage devient triste et désolé.

Nous nous mettons en marche ; la route, par endroits, est couverte de mauvais galets schisteux, noirs, pointus, qui rendent la montée difficile; c'est avec satisfaction que nous atteignons la cabane d'un cantonnier, où nous restons quelques minutes. Un bon feu nous permet de sécher sommairement nos chaussures humides et glacées. C'est cependant chose rare que le feu à cette altitude, car il faut aller chercher bien plus bas quelques mauvais arbustes qui croissent entre les fentes de rocher. Notre hôte nous apprend qu'il est quelquefois obligé d'accomplir de véritables voyages pour faire sa provision de bois. La cabane où nous étions abrite pendant l'été les cantonniers qui doivent veiller à l'entretien de la route. L'hiver, elle sert de refuge aux voyageurs qui s'aventurent vers le Tourmalet.

Je confie ma bicyclette au cantonnier qui nous a reçus et nous descendons dans la vallée étroite et peu profonde à cet endroit; nous traversons le gave qui n'est encore qu'un faible ruisseau, en face les cabanes de Toue. Un peu plus loin, sur un tertre incliné, se voit une petite colonne élevée à la mémoire du duc de Nemours, le premier qui fit ouvrir le chemin conduisant directement à Bagnères-de-Bigorre par le col de Tourmalet.

Les cabanes de Toue sont de misérables huttes où habitent quelques bergers. L'été, les troupeaux peuvent encore paitre dans les maigres pâturages que l'on trouve aux environs; tous les matins, dans la belle saison, le lait des chèvres et des brebis est porté à Barèges.

Nous atteignons bientôt un plateau entièrement recouvert de neige, où règne une morne solitude que rien ne semble devoir troubler. Le sentier du pic est assez bien tracé, mais il est pavé de galets plats, humides, sur lesquels on chemine avec une certaine difficulté ; en outre, la neige qui fond peu à peu forme dans le sentier un ruisseau boueux où l'on patauge malgré soi.

Je vois distinctement, dans le lointain, le dôme grisâtre de l'Observatoire, le sommet du Merlheu, sur la gauche, presque aussi élevé que le Pic du Midi ; en face, est une hôtellerie qui se trouve à la base du Pic.

Nous arrivons au lac d'Once, entouré de toutes parts de rochers à pic ; nous escaladons ces rochers du côté Est, et après quelques minutes de marche, nous regardons au-dessous de nous. A deux cents mètres plus bas, le lac paraît calme et tranquille, aucune ride à sa surface, on dirait un miroir au fond d'un entonnoir reflétant un coin du ciel et les noirs escarpements qui se dressent sur ses bords. Les eaux sont d'une limpidité parfaite près des rives et laissent voir par endroits les cailloux et les débris tombés au fond ; vers le milieu, la profondeur est trop grande, la masse liquide complètement opaque présente une belle couleur bleue.

L'Hôtellerie est à une portée de fusil du lac. Cette construction, habitée pendant l'été seulement, est bâtie au col de Sencours, entre le Pic du Midi et le Pic du Tourmalet. Là aboutit également le chemin qui conduit à Bagnères-de-Bigorre.

L'Hôtellerie est un établissement assez vaste où l'on peut au besoin passer la nuit.

Le soleil du matin commençait à fondre l'épaisse couche de neige qui couvrait la maison, et de minces filets d'eau glacée coulaient de toutes parts de la toiture. Nous nous arrêtons quelques instants pour prendre une légère collation et réchauffer nos pieds engourdis et gelés. Il est prudent, lorsqu'on doit effectuer de pareilles ascensions, et par conséquent lorsqu'on s'expose à marcher un certain temps dans la neige, de se munir de solides chaussures peu perméables à l'eau, qui tiennent le pied à travers ces déserts glacés.

***

Vers dix heures, nous gravissons la pente abrupte du Pic qui se dresse à 500 mètres au-dessus de nos têtes. La neige devient de plus en plus abondante; à certains endroits nous en trouvons plus d'un mètre; on passe par moments dans d'étroits couloirs pratiqués à travers ces amas de neige durcie dont les couches profondes ont pris la consistance de la glace. Les rayons du soleil étaient très chauds, et cependant la température de l'air était au-dessous de 0, et à l'ombre on sentait bien le froid vif qui règne sur ces hauteurs. La réverbération du soleil sur la neige fatigue énormément les yeux; il est bon, pour ne pas être incommodé, de prendre un lorgnon à verre coloré.

Nous faisons la rencontre d'un guide de Barèges conduisant un touriste à cheval. Il faut avoir beaucoup de confiance dans cet animal pour descendre sans crainte ces sentiers rapides, car le moindre faux-pas précipiterait cavalier et monture à 400 ou 500 mètres plus bas; Pontis adressa, en patois, quelques paroles à ce guide; il me traduisit la phrase qui était simplement une allusion aux dangers que pouvait courir ce voyageur imprudent. Il est bien certain qu'à la descente, on est plus rassuré et plus solide à pied; il est vrai cependant que ces chevaux sont tellement sûrs d'eux-mêmes qu'on ne les voit presque jamais tomber. Cette observation est plutôt relative aux personnes sujettes au vertige. Certains touristes, en effet, perchés sur une monture à la descente, pourraient, en regardant inconsciemment au-dessous, éprouver cette angoisse inexprimable, cette sensation pénible du vide qui entraîne une chute inévitable.

A onze heures, nous atteignons le sommet du Pic. L'Observatoire est curieux à visiter. J'ai dû à l'obligeance de M. Vaussenat, le regretté directeur, des détails qui m'ont fort intéressé.

L'habitation offre tout le confort désirable pour un long hivernage, car une fois le mois de novembre, il se présente rarement de belles journées où l'on puisse effectuer la descente sans danger. Pour faciliter les communications, on construit à ce moment un chemin assez large qui part directement de l'Observatoire et doit aboutir à la route de Bagnères-de-Bigorre.

Pour résister aux tempêtes et ouragans qui peuvent survenir pendant la mauvaise saison, l'habitation est voûtée. D'un côté, la voûte est recouverte de tuiles épaisses, vitrifiées, noyées au bain de mortier, de l'autre côté reposent d'énormes dalles de schiste réunies et accrochées les unes aux autres et noyées également à bain de mortier. La toiture offre donc une adhérence suffisante pour résister aux coups de vent dont la force de propulsion peut atteindre 250 kgr. par mètre carré. La foudre tombe fréquemment au sommet du Pic, ainsi que l'attestent les fulgurites qui traversent la roche; aussi, l'habitation est munie d'une série de paratonnerres reliés tous ensemble à un câble de 1,000 mètres dont l'extrémité plonge au fond du lac d'Once.

Du côté du midi règne un long corridor vitré dans lequel viennent s'ouvrir les différents locaux de l'Observatoire.

Pic du Midi

M. Vaussenat m'a fait visiter l'établissement; la salle des vivres, le local où l'on serre les instruments d'observation, son cabinet particulier orné d'une bibliothèque très complète et renfermant des appareils de précision, etc. De nombreuses provisions de bois et de charbon sont entassées dans le sous-sol, car été comme hiver toutes les salles sont chauffées.

J'ai causé plus d'une heure avec M. Vaussenat qui m'a fait part des difficultés inouïes qu'on a dû vaincre pour construire ce poste météorologique. L'installation a coûté fort cher; il a fallu d'abord tronquer partiellement le sommet du Pic pour y établir une plate-forme de dimensions suffisantes. La chaux, le sable, les briques, etc., tout a été monté à cette altitude. Comme la charge moyenne d'un bon mulet n'excède pas 70 kilog., on devine combien de voyages et d'ascensions ont été effectués pour réunir les matériaux de construction. L'entretien de l'Observatoire est en outre dispendieux ; en effet, pendant trois mois de l'année les caravanes montent continuellement au Pic des vivres, le charbon, le bois. La base de la nourriture consiste en conserves ; on a réussi cependant à élever des volailles qui s'habituent assez bien à la raréfaction de l'air.

A quelques mètres de la maison d'habitation est une petite terrasse où sont installés les appareils enregistreurs : thermomètres, anémomètres, etc. Pendant la belle saison on y arrive directement ; l'hiver, les tempêtes de neige, les bourrasques deviennent fréquentes, il serait dangereux ou au moins fort incommode de circuler sur la plate-forme quand la neige tombe et que le vent souffle; aussi, pour faciliter l'accès des instruments d'observation, un souterrain a été construit et conduit directement de la maison d'habitation à un laboratoire adossé à la terrasse, de sorte qu'on peut suivre et recueillir les indications données par les appareils, quel que soit le temps.

Quatre mâts très hauts, maintenus par de solides haubans en fer se dressent sur la terrasse ; l'un d'eux porte les couleurs nationales. M. Vaussenat m'a dit qu'un jour il avait été bien près de faire une expérience directe sur la loi de la chute des corps dans...... le vide. Grimpé sur une échelle appliquée contre l'un des mâts, il avait failli, en posant le pied à terre, faire une chute de 1,500 pieds du côté de Bigorre; les parapets qui existent aujourd'hui n'étaient pas encore installés.

L'Observatoire est admirablement situé au point de vue géographique; presque entièrement détaché du massif montagneux et par conséquent isolé, les influences météorologiques sont soustraites aux diverses causes d'erreur que pourraient occasionner la présence de sommets voisins aussi élevés; les nuages orageux sont très souvent à 500 ou 600 mètres au-dessous et fréquemment il pleut dans les vallées alors qu'il fait un temps superbe au Pic du Midi. L'établissement a été dirigé par le général de Nansouty d'abord, puis par M. Vaussenat, qui a déjà recueilli un certain nombre d'observations fort curieuses.

⁂

La vue est immense du sommet du Pic du Midi, on distingue admirablement la chaîne des Pyrénées dans tous ses détails. Au loin, le cirque de Gavarnie et les montagnes qui l'entourent, la brèche de Roland, profonde échancrure taillée, paraît-il, d'un coup d'épée par le neveu de Charlemagne, revenant de combattre les infidèles. Ce simple fait d'armes montre combien notre race est chétive et mesquine en présence de ces rudes chevaliers des premiers siècles. C'est bien là le moment de parler régénération physique. Voilà donc les produits, les résultats d'une civilisation avancée dont on bénit cependant les bienfaits. On cherche actuellement, et Dieu merci, il en est temps, à donner aux races futures la vigueur des races anciennes; par un phénomène d'atavisme, dont il serait assez difficile de connaître le secret, on veut que les lilliputiens d'aujourd'hui deviennent les géants d'autrefois.

Peut-être la légende, douce et naïve superstition des temps passés, entre-t-elle pour une bonne part dans ces contes fantatisques, et nous devons probablement accepter avec une grande réserve cette autre anecdote, d'après laquelle le même chevalier fit trembler les montagnes d'un son de sa trompe.

Je regardais quelque temps cette fameuse brèche, l'esprit tout imprégné de ces souvenirs d'autrefois; je croyais encore entendre dans le calme et la solitude qui règnent sur ces hauteurs, les appels désespérés de Roland luttant héroïquement contre de nombreux ennemis, les cris rauques et sauvages des Sarrazins venant se heurter contre sa Durandal invincible. Cette douce rêverie dura une seconde, je fus rappelé à la réalité par le guide impatient qui me nommait les montagnes s'offrant à notre vue.

Toute description est impuissante à rendre compte des sensations que le touriste éprouve; livré à lui-même, il est absorbé complètement par une impression profonde qui lui fait oublier les choses de ce monde. Les vallées paraissent étranglées entre les chaînes de monts qui s'étagent les unes au-dessus des autres et s'étendent au loin sous la coupole du ciel: on ne pense qu'aux sommets, on oublie tout ce qui est au-dessous. Les forêts qui sont accrochées aux flancs montagneux forment des taches d'un vert sombre que l'on distingue à peine : dans les profondeurs que l'on ne voit pas, on devine les villages avec leurs maisons qui s'entassent dans un espace manquant d'air et de lumière ; toute trace de civilisation disparaît

BRÈCHE DE ROLAND

sur ces hauteurs, et en regardant ces croupes monstrueuses, on se sent pris de pitié pour l'homme, infime créature, qui a la prétention de s'intituler roi de l'univers.

Le regard se promène aux quatre coins de l'horizon sur cette mer houleuse de granit de schiste et de calcaire ; les vagues de cet océan, hautes et puissantes, dont quelques-unes s'élèvent jusqu'aux nues, semblent figées dans une immobilité absolue.

Figurez-vous un immense chaos de sommets pointus couverts de neige, d'échancrures à peine marquées, de massifs arrondis, de blocs énormes, de rochers à pic et de glaciers éternels; on ne se lasse pas d'admirer cette gigantesque protubérance rugueuse, inégale, déchiquetée que le globe a soulevée de sa surface pendant un de ses nombreux paroxysmes. C'est alors que la créature humaine sent son impuissance, l'inutilité d'une lutte contre ces géants montagneux; il faudrait des siècles à l'homme pour effectuer seulement la millième partie du travail accompli sans effort par ces titans lorsqu'ils grondent et secouent rudement leur manteau de pierres. Il est difficile, en effet, d'apprécier la puissance d'action développée dans une montagne qui s'écroule. En lisant l'histoire des tremblements de terre, l'esprit saisit à peine la violence des efforts mis en jeu dans ces cataclysmes qui occasionnent souvent d'immenses désastres. Pour donner une idée de l'intensité de ces phénomènes, il suffira de citer l'explosion formidable qui a soulevé de sa base et anéanti complètement une montagne des îles de la Sonde, le Krakatoa, détruisant une île de 20 kilomètres de tour et produisant à la place un abîme de plus de 300 mètres de profondeur qui fut envahi par les eaux de la mer.

Encore cela n'est rien, si on cherche un enseignement sur de semblables phénomènes dans l'histoire du passé.

Autrefois, la croûte terrestre, à peine solidifiée, a subi des dislocations nombreuses qui ont à chaque instant modifié la surface. Une première éruption de granit s'est faite à l'emplacement des Pyrénées; la mer est venue ensuite recouvrir le massif donnant naissance à de puissants dépôts calcaires. Après une longue période de calme, un nouveau mouvement a eu lieu ; le sol s'est crevé une seconde fois et une violente poussée de roches en fusion a soulevé le granit ancien et les dépôts sédimentaires qui s'étaient formés. L'intensité de l'effort a été telle que ces dépôts ont été portés à plus de dix mille pieds. Les coquilles marines, les débris d'animaux que l'on rencontre au sommet du Mont-Perdu, attestent bien que la mer recouvrait ces roches qui, en s'élevant brusquement au-dessus des eaux, ont entraîné avec elles les couches sédimentaires voisines que l'on voit aujourd'hui appliquées contre le massif.

La nature aujourd'hui s'est calmée, une puissante végétation a envahi les vallées, et à voir la sereine tranquillité qui règne sur ces montagnes, on serait tenté de croire qu'elles ont désormais une éternité assurée.

J'examinai une dernière fois ce massif imposant, le guide me montre le Néouvieille et son glacier qui brille d'un vif éclat au milieu des roches sombres ; à droite, les montagnes de Cauterets ; sur la gauche, le groupe granitique des Monts-Maudits. Tout cet ensemble majestueux était baigné dans un flot de lumière blanche, ruisselant sur les sommets couverts de neige et se répandant à profusion sur toutes ces montagnes qui s'étendent dans l'immensité d'un horizon sans bornes.

Un brouillard intense couvrait au nord toute la vallée de Bigorre et on ne distinguait absolument rien ; à peine voyait-on le rocher qui fuyait à pic et se perdait presqu'aussitôt dans les nuages épais qui étaient au-dessous de nous. Pour être certain de ne pas être gêné par le brouillard, il faut faire l'ascension avant midi; et afin de jouir entièrement de l'admirable coup d'œil que l'on a au sommet, il est bon de venir coucher la veille à l'hôtellerie et de monter à l'Observatoire avant le lever du soleil. Le moment de l'année le plus propice pour cette ascension est le mois de septembre.

L'Observatoire est relié télégraphiquement à Bagnères-de-Bigorre ; le public étant admis à envoyer des dépêches, j'ai lancé un télégramme à un de mes amis qui, certes, a dû être étonné de voir une nouvelle si laconique lui tomber des nues.

⁂

Je prends congé de M. Vaussenat et nous commençons la descente; pour abréger, nous évitons les nombreux lacets que décrit le sentier du pic et nous dégringolons pour ainsi dire le long des pentes couvertes de neige. Çà et là, un rocher émerge au-desssus de la couche, montre sa tête noire, anguleuse, où le pied trouve un solide appui; parfois, j'enfonce dans la neige jusqu'aux genoux. Je mets en quelque sorte un certain amour-propre à vouloir suivre le guide qui me devance toujours et m'attend quelques mètres plus bas. Je ne conseillerai pas aux touristes cette course folle; car, si on manque son pied, on peut rouler le long du massif jusqu'au fond du lac d'Ouce, qui est à 300 ou 400 mètres au dessous. J'avoue même que si je recommençais cette ascension, j'effecturais la descente avec moins de fougue, en suivant modestement le sentier qui est tracé. En route, nous rencontrons un convoi qui montait à l'Observatoire une chèvre et ses accessoires. Quatre mulets portaient la charge : l'un avait le tour, deux autres les montants, le quatrième les cordages, les leviers. Nous arrivons rapidement à l'hôtellerie où nous attendait un bon déjeuner, pas trop cher, si l'on songe aux difficultés qu'il y a de s'approvisionner convenablement à une pareille hauteur. Le maître d'hôtel m'affirmait, et je veux bien le croire, que le stère de bois lui revenait à 40 ou 50 francs.

Il nous fallut ensuite peu de temps pour descendre jusqu'à la cabane du cantonnier où j'avais déposé mon instrument ; là, je pris congé de mon guide et continuai ma route vers Bagnères.

La montée, jusqu'au col du Tourmalet est très pénible, le sol est graveleux, mouvant ; la pente s'accentue davantage. De la cabane où je m'étais arrêté, j'avais pu suivre du regard la route qui s'élève peu à peu ; sa présence est révélée par de petits talus en pierre que l'on a dû construire pour soutenir la chaussée, et par les tranchées qui ont été pratiquées le long de la montagne. La contrée devient de plus en plus sauvage ; toute végétation disparaît au voisinage du col ; mais le coup d'œil sur la vallée de Barèges est toujours splendide. Tous ces pics chauves, ces sommets déchiquetés, nus ; tous ces amas de roches noircies, entassées les unes sur les autres, ressemblent aux ruines d'immenses bastions fortifiés qui auraient été placés là par la main de quelque géant pour protéger la vallée. Ils forment une ceinture inexpugnable ; deux crêtes tranchantes, dentelées, venant se joindre au col du Tourmalet ;

elles s'étendent au loin vers Barèges et Luz, prennent peu à peu une teinte bleutée qui se confond bientôt avec l'azur profond du ciel.

***

Le col du Tourmalet, l'un des plus élevés de France, où passe une route carrossable (2,100^{m}), consiste en une arête aiguë comprise entre le pic du Tourmalet (2,467^{m}), et le pic d'Espade (2,461^{m}) ; une tranchée a été pratiquée à travers cette arête pour livrer passage à la route.

J'arrive au sommet de la montée, je m'arrête quelques instants pour contempler une dernière fois la vallée du gave de Bastan. Il ne serait pas prudent de séjourner longtemps à cet endroit à cause du vent glacial qui se fait sentir. J'examine attentivement ma bicyclette, le frein surtout, et je commence à descendre du côté de Bagnères. La pente est très rapide, mais le sol devient assez bon, de sorte qu'on peut rester constamment en machine.

J'ai été frappé du brusque changement d'aspect des deux vallées. Du côté de Barèges, le ciel était nuageux, il est vrai; mais le soleil paraissait par moments. Aussitôt après avoir franchi le col, je suis enveloppé d'un épais brouillard qui me masque complètement le paysage ; je devine seulement, qu'à droite ou à gauche se trouvent des gorges profondes, au fond desquelles j'entends distinctement le ruisseau déjà devenu torrent qui bondit au-dessus des obstacles encombrant son lit.

Il faut aller à une allure modérée dans ces descentes rapides, avec tournants brusques, dangereux; le moindre emballement pouvant difficilement être modéré et devenir funeste. Quelques vélocipédistes conseillent en pareille circonstance d'enlever la chaîne de la bicyclette pour faciliter le jeu de la machine, pour éviter, disent-ils, un arrêt quelconque de la part de la chaîne, arrêt qui serait infailliblement suivi d'une chute brusque,

DESCENTE DU TOURMALET

dangereuse. Cette pratique est, je crois très imprudente; j'ajouterai même qu'on ne doit jamais abandonner les pédales pour rester absolument maître de sa machine.

Je vais donc assez doucement, observant malgré moi un commandement du « mangeur de route », puisque le brouillard me cache les montagnes :

Les cailloux tu regarderas
Le paysage nullement,

lorsque tout à coup se dresse devant moi un superbe taureau qui me barre le chemin; une pression formidable pratiquée sur le frein arrête aussitôt ma bicyclette; je mets pied à terre, et me dispose à passer à côté de l'animal plutôt que de risquer une poursuite qui aurait pu avoir des conséquences funestes.

Le taureau est certainement un être inepte; on ne sait jamais s'il vous regarde avec étonnement, crainte ou colère; ses yeux vagues, sans expression, l'air stupide qu'il prend parfois lui donne toujours un aspect inquiétant.

Je me dispose donc, en pressant le pas, à m'éloigner de cette fâcheuse rencontre, quand le taureau prend sa course et disparaît devant moi. Croyant en être débarrassé, je remonte en machine et continue ma route, lorsqu'après un brusque détour, je vois de nouveau l'animal, toujours avec sa même physionomie inexpressive, son même regard terne. Je descends une seconde fois et réussis à le devancer ; mais la bête effarouchée prend son galop, passe à mes côtés et s'enfuit rapidement. Je l'ai encore revue à différentes reprises et toujours dans les mêmes conditions.

Ces manœuvres commençaient à m'inquiéter, car je n'en prévoyais pas la fin, lorsqu'il me vint l'idée de tirer en l'air un coup de revolver. Le taureau, surpris, disparaît une dernière fois. Je ne l'ai plus rencontré ; mais quelques centaines de mètres plus loin, il m'a semblé l'apercevoir à travers une éclaircie de brouillard dans un ravin où il paissait tranquillement.

La rencontre de ces animaux donne toujours certaines appréhensions ; il est prudent de passer à côté d'eux à une petite vitesse et de surveiller leurs mouvements pendant quelques minutes. La plupart cependant sont inoffensifs; mais il suffirait quelquefois d'une seconde d'inattention pour que l'un de ces animaux, rendu hargneux, fonce sur vous sans raison apparente.

Je puis rappeler à ce sujet une aventure tragi-comique survenue à un vélocipédiste bien connu. Comme il s'entraînait ferme sur une belle route du Midi, par une délicieuse journée de mai, il vit venir à lui, d'un champ voisin, un taureau qui accourait à toute vitesse, l'air furieux, les naseaux enflammés. Notre futur champion s'arrête, descend de machine et, sautant le fossé, grimpe dans un arbre. Il put alors examiner à loisir la scène de carnage qui eut lieu. Le taureau, ahuri, désappointé par cette fuite précipitée, se venge sur la pauvre machine qui était un joli tricycle de course. Un coup de corne lance l'instrument à quelques mètres, mettant déjà une roue et le guidon en piteux état. Pendant plus d'une demi-heure, l'animal continua ses attaques.

La pauvre machine déjà toute disloquée était projetée en l'air et retombait à terre avec un bruit de ferraille, un son d'acier fêlé à fendre l'âme du vélocipédiste le plus endurci. L'instrument ne fut bientôt plus qu'une masse informe de tubes tordus, de rayons brisés, enchevêtrés les uns dans les autres. De son observatoire improvisé, notre héros suivait avec angoisse les diverses péripéties du massacre. Enfin, le taureau se calme et s'éloigne, non sans jeter encore, de temps en temps, un regard de défi sur les débris amoncelés du tricycle. Cet incident imprévu força évidemment le coureur malheureux à se rendre à pied au village voisin.

⁂

Je descends toujours à travers le brouillard, désespérant de le voir disparaître; la vapeur persistante enveloppe tous les objets et les imprègne d'une humidité froide qui vous glace et donne des frissons. Enfin, après trois quarts d'heure de marche, je sors complètement des nuages et j'arrive, par un vaste détour que fait la route, dans une vallée plus large, où viennent se joindre les ruisseaux du Tourmalet et du Guaret. Cette vallée est très belle; le paysage contraste singulièrement avec celui que j'avais vu du côté de Barèges.

La végétation y pousse vigoureusement, des forêts de sapins montent à l'assaut des cimes et couvrent complètement les flancs montagneux d'un manteau vert. Les rochers, les terrasses disparaissent sous les mousses, le buis ou autres arbustes qui se répandent à profusion. La montagne, dans un mouvement de pudeur farouche, semble avoir eu conscience de sa nudité et s'est recouverte d'une robe de verdure, épaisse, touffue, sous laquelle il est impossible de voir poindre la moindre tête de roc.

Les sapins croissent drus et serrés les uns contre les autres; on les voit pousser d'une seule venue, droits comme des mâts de navire; ils montent tout de suite à une hauteur inusitée et dressent vers le ciel leurs têtes en forme d'aiguilles; ils s'échelonnent le long des pentes, forment un rideau sombre qui descend dans les gorges les plus profondes et s'élèvent jusqu'aux sommets couverts de neige. Les branches qui s'échappent perpendiculairement du tronc forment un dôme épais, impénétrable aux rayons solaires. Le terrain où ils poussent est complètement absorbé par leur puissance végétative; sous leur voûte, en effet, on ne voit qu'un sol jauni, dénudé, recouvert de feuilles mortes et d'où leurs troncs pelés s'élèvent avec une régularité parfaite, comme les piliers d'une cathédrale gothique. Beaucoup de ces géants ont été abattus par le vent ou déchirés par la foudre; ils ont fait en tombant une large trouée; leurs cadavres mutilés gisent au milieu des débris qu'ils ont entraînés dans leur chute épouvantable, on les admire encore dans leur ruine comme on admire un guerrier mort, environné des vaincus agonisants que son dernier effort a renversés. Par endroits, les arbres sont clairsemés, et les pentes trop roides; alors les sapins qui s'écroulent descendent des hauteurs avec une vitesse effrayante, détruisent tout sur leur passage, entraînant dans cette course fantastique des éboulements de roches; ils arrivent jusqu'au lit du torrent, meurtris, fracassés. Les eaux s'acharnent ensuite contre ces lamentables débris qui sont brisés contre les rochers, périssent misérablement dans les remous où ils noircissent, jusqu'à ce qu'une crue subite les soulève, les entraîne dans les parties basses de la vallée.

La route descend constamment et la vallée s'élargit peu à peu. Dans les prés verdoyants, de nombreux points blancs apparaissent: ce sont des moutons qui broutent tranquillement. De petites maisons à tuiles rouges commencent à se montrer. A 11 kilomètres du col, Gripp, où l'on voit des cascades pittoresques; plus loin, je débouche dans la belle vallée de Campan, où la descente cesse d'être aussi rapide. La pente est douce jusqu'à Bagnères-de-Bigorre. Campan, chef-lieu de canton, qu'on laisse sur la droite, présente les restes d'un ancien cloître, soutenus par d'énormes piliers de marbre du XVIe siècle.

Je franchis la Lesponne qui sort d'un étroit ravin sur la gauche et vient grossir l'Adour. Ce cours d'eau présente quelque intérêt au point de vue hydrographique; en effet, le torrent de la vallée d'Aure a un régime très variable; aussi, pour régulariser son débit et l'augmenter l'été, on s'est adressé à l'un des nombreux réservoirs naturels qui sont dans les montagnes voisines. A l'ouest du Pic du Midi, le lac Bleu étale ses eaux profondes sur une superficie de 49 hectares, entre des rochers escarpés. Les ingénieurs ont pratiqué, à quelques mètres au dessous du niveau du lac, une galerie de 20 mètres de longueur. L'eau s'écoule en masse par ce souterrain, tombe de cascades en cascades dans la gorge de la Lesponne, se jette dans l'Adour qui arrive dans la plaine suffisamment grossi pour faire marcher les usines et les moulins semés sur son parcours. Les premiers travaux hydrauliques effectués dans cette région ne datent pas d'aujourd'hui. Nous voyons en aval de Bagnères, un grand canal d'arrosement datant du ve siècle; il fut construit par Alaric, roi des Visigoths; de nombreux fossés réunissent ce cours d'eau artificiel à l'Adour et ont transformé un sol pauvre, presque aride, en une plaine très fertile.

Je traverse Sainte-Marie-de-Campan; la vallée, toujours admirable, devient de moins en moins sauvage ; bientôt, j'aperçois au loin Bagnères. La route s'approche fréquemment des bords de l'Adour large de quelques mètres à peine. L'eau scintille entre deux berges peu escarpées ; elle coule parfois, sur des pierres, des galets qui encombrent son lit ; elle se heurte timidement contre les obstacles, s'accumule derrière, les franchit pour retomber en petites cascades qui produisent une écume blanchâtre. Les truites se jouent au milieu de ce liquide, clair, limpide comme du cristal ; dans leurs mouvements saccadés, dans leur course folle, elles montrent souvent aux rayons du soleil, leur ventre qui brille d'un vif éclat. Le torrent a perdu toute sa fougue ; il semble épuisé des violences qu'il a développées dans la montagne ; plus de ressauts brusques, plus de grondements sourds sortant des profondeurs et faisant trembler le sol. Il parait s'être mis en harmonie avec la nature, calme, souriante qui s'est dépouillée de sa rudesse. Les rives ne sont plus rongées, déchiquetées, par les eaux qui arrivent furieuses, bondissant sur les crêtes rocheuses, s'élançant dans le vide en énormes tourbillons, creusant, minant la roche incapable de résister aux assauts répétés de la trombe liquide.

Dans les gorges étroites qui avoisinent les glaciers et la région des neiges durcies, ces eaux sauvages coulent avec fracas, et par leur teinte livide, leur couleur terreuse, elles ressemblent parfois à des serpents fantastiques, se tordant dans les abîmes et se déroulant en longs replis au fond de corridors sombres où l'on ose plonger le regard ; maintenant, le torrent, désormais dompté, circule paisiblement à travers les prairies. Sur ses bords, les arbustes croissent et se développent sans crainte d'être arrachés; les herbes mêmes se bercent voluptueusement au-dessus de la surface; les roseaux poussés du fond s'inclinent et s'infléchissent gracieusement sous l'action du courant. Une brise légère venant du sud, réchauffe toute cette nature, tandis que le soleil descend peu à peu à l'horizon, envoie ses derniers rayons avant de disparaître derrière les sommets.

A cinq heures, j'entrais à Bagnères-de-Bigorre.

Bagnères-de-Bigorre est une petite ville de 6,000 habitants, située sur les bords de l'Adour. C'est une station balnéaire fréquentée par le monde élégant; on y trouve beaucoup de boulevardiers qui ont voulu échapper pendant quelque temps à l'existence fiévreuse de l'asphalte. Des financiers, des négociants, se sont soustraits aux soucis des affaires pour passer une saison sous ce beau ciel du Midi. Bagnères n'est pas comme Barèges un pays triste, froid, humide; le paysage est riant, les maisons empreintes d'une certaine coquetterie; les villas, entourées de beaux jardins fleuris, invitent à la gaîté; aussi, pas de visages assombris; les vrais malades sont rares ici, ou du moins ils ne se montrent pas; toute cette foule bigarrée, composée des éléments les plus disparates, paraît joyeuse et sans souci.

Cette existence un peu factice, monotone à la longue, est peu goûtée par le vrai touriste qui a fui la ville et ses bruits assourdissants. On quitte Paris sans se douter qu'à deux cents lieues plus loin on va retomber sur un boulevard de la capitale. On change de pays, on passe sous un autre climat pour retrouver les mêmes mœurs, les mêmes coutumes et toutes ces exigences banales et compassées de la vie du désœuvré. Le cortège inévitable des distractions conventionnelles de villes d'eaux « bien fréquentées » apparait ici : casinos,

BAGNÈRES-DE-BIGORRE

musique, opéras, bals, réunions de salon, où se coudoient et se saluent des gens se connaissant à peine et qui demain se seront complètement oubliés.

Combien de personnes vont retourner chez elles sans se douter des beautés qui entourent la ville. On fera seulement quelques excursions, celles auxquelles on ne pourrait se soustraire sans passer pour trop prosaïque. Encore ces sorties sont réglées comme des ballets d'opéra. Il faut prendre le costume exigé par les convenances, partir de l'hôtel à l'heure voulue, s'arrêter aux sites qu'il convient et rentrer chez soi au moment qu'il faut. Il est indispensable ensuite de procéder à la toilette que commandent les circonstances, pour passer à table et aller de là achever la journée dans un bal, où on devra danser pour faire « bonne figure », dans une soirée, où il faudra subir quelques chanteurs d'occasion, ou l'énervante prétention de beaux esprits parleurs. Après cela, jugeant la journée bien remplie, on ira se coucher pour se lever le lendemain à midi.

Bagnères-de-Bigorre possède un bel établissement thermal tout en marbre; la découverte des sources remonte à la plus haute antiquité; les Romains fréquentaient ce lieu; des inscriptions attestent qu'ils avaient élevé des autels en l'honneur de la nymphe des eaux. Bagnères est entouré de sites pittoresques; on peut faire aux environs des promenades charmantes, sans compter les excursions à travers la montagne. Dans la ville a été construit un beau square ombragé, le square Vigneaux; on a tracé la belle promenade des Coustouts, où se trouvent les principaux cafés et hôtels. Le soir, c'est le rendez-vous des étrangers. Après dîner, je suis allé faire un tour au milieu de la foule et suis entré dans un café où des musiciens ambulants donnaient un petit concert. Ce genre de distraction est commun dans les villes d'eaux. Des artistes, en rupture..... d'engagement, vont de café en café, exécutent quelques morceaux et arrivent ainsi à se faire une recette fructueuse. Quand la musique est bonne, et cela arrive quelquefois, ces auditions font plaisir; j'avoue que ce soir-là j'écoutai avec attention les fragments d'opéras qui furent joués.

Je me retirai vers onze heures à l'hôtel du Bon-Pasteur, où l'on est très bien.

TOTAL DE LA HUITIÈME JOURNÉE

De Barèges au col du Tourmalet. . .	13 k.
Du col du Tourmalet à Bagnères. . .	27 k. 5
Total.	40 k. 5

Le trajet de Barèges à Bagnères est en partie sur la carte du précédent chapitre

Escaladieu a 13K
R. Tarbes
Bagneres de Bigorre
(H. Bon-Pasteur)
R. St Gaudens
Toulouse 146.5
St Gaudens 56.5
Montrejeau 42
Lannemezan 22
de Bagneres
Bagneres de Bigorre
Nord
Gerde
Pente assez douce
7K
Asté
Beaudean
Campan (2800 h)
Lesponne T.
Campan
Sud
Adour R.
sol excellent
Descente assez rapide
5K5
St Marie
Ste Marie
de Campan
Rte d'Aure et de
Bagneres de
Luchon
4K
Cabadent
Montagnette (2300)
Gripp
Gripp
Descente très rapide
Col Tourmalet 11K
Torrent.

CHAPITRE IX

De Bagnères-de-Bigorre à Muret

SOMMAIRE

La vallée de Bagnères. — Escaladieu. — Mauvezin et son château. — Capvern. — Plateau de Lannemezan. — Une rencontre inattendue. — Montrejeau. — Vallée de la Garonne. — Saint-Gaudens. — Vue des Pyrénées. — Saint-Martory. — Muret.

Départ le lendemain à cinq heures. Des nuages flottent dans la vallée entre les cimes; une rosée abondante s'est formée pendant la nuit et un brouillard assez épais couvre d'humidité tout ce paysage encore engourdi, si bien qu'après avoir fait un kilomètre, mes vêtements étaient légèrement mouillés. Mais le soleil se montre bientôt à travers une échancrure de la montagne et vaporise en partie ces légers brouillards. Je me trouvais alors sur les collines avoisinant Bagnères; avant de m'éloigner définitivement, je jette un dernier coup d'œil sur cette délicieuse vallée de Campan que je viens, hélas! de traverser trop rapidement pour en admirer les merveilles.

Bagnères-de-Bigorre paraît à peine dans la brume avec ses maisons blanches, ses jardins embaumés et ses longues allées de peupliers où se rendent les promeneurs dans l'après-midi. La nature s'éveille à cette heure matinale ; les paysans vont à l'ouvrage; les uns la faux sur l'épaule; d'autres conduisent un chariot rustique, traîné par des bœufs à la démarche grave et lente, habillés d'une grande toile blanche pour les préserver des mouches et autres insectes incommodes. Les oiseaux sortent du sommeil de la nuit ; ils secouent leurs ailes, sautent de branches en branches et se cherchent comme pour se souhaiter la bienvenue ; leur gazouillement s'entend à travers les bois et les taillis ; ils semblent saluer l'astre du jour qui monte lentement au-dessus des cimes. Une buée tiède, vaporeuse, repose encore dans la vallée et enveloppe au loin les objets d'une sorte de voile que l'éclatante lumière du jour va bientôt chasser. Les laitiers, les maraîchers et tout ce petit monde de marchands, d'industriels qui alimentent le marché des villes, transportent déjà leurs denrées. Les troupeaux sortent des fermes et se rendent dans la montagne ; le berger, couvert de sa peau de bique, suit derrière d'un pas tranquille, excitant de sa voix ou du fouet les retardataires qui s'arrêtent sur le bord des chemins.

Ce spectacle de la nature qui secoue sa torpeur est réellement beau à voir. Depuis huit jours, j'éprouvais les mêmes sensations sans jamais me lasser, et bien qu'il me fût quelquefois pénible de sortir de si bonne heure, le souvenir des impressions de la veille me donnait du courage et m'aidait à vaincre cette tendance à prolonger un repos agréable, naturel et bien légitime que le touriste éprouve après une journée de fatigue.

***

Le trajet de Bagnères-de-Bigorre à Lannemezan est très pénible; les pentes y sont excessivement dures et les difficultés de terrains commencent dès la sortie de Bagnères, car après avoir fait 700 à 800 mètres on s'élève immédiatement sur le plateau par une forte côte. Sept kilomètres plus loin se présente une bifurcation; à gauche, route de la Cieutat; continuer à droite. Après l'embranchement commence une descente, douce d'abord, mais qui ne tarde pas à devenir très rapide dès qu'on entre dans les bois de Kersain. A cet endroit, il faut rouler avec prudence, les tournants sont brusques, fréquents, et les arbres masquent la vue ; on doit s'attendre, à chaque détour, à rencontrer une voiture quelconque, et prendre en conséquence des précautions pour l'éviter. Je passe à côté de deux diligences qui gravissent péniblement la côte, avec des bœufs comme bêtes de renfort; j'ai du reste rencontré un certain nombre de véhicules de toute sorte allant dans la direction de Bagnères où il y avait probablement ce jour-là quelque marché important.

J'arrive à Escaladieu, village situé au fond d'une vallée rétrécie, bordée de collines tourmentées et fortement boisées. Un petit ruisseau coule à l'ombre des bosquets; ses eaux murmurent doucement en courant à travers l'étroite prairie comprise entre les taillis qui poussent avec vigueur à droite et à gauche. Sur le bord de la route, je vois les ruines d'une abbaye construite autrefois par des moines et dont il reste encore la chapelle; un peu plus loin, au pied du coteau, Courrèges-Dessus, hameau sans importance. Par une longue côte, dure, j'atteins Mauvezin (3 k. 5) perché sur une hauteur ; près du village se trouvent les restes d'un château-fort que l'on aperçoit de très loin. Froissart raconte, dans son langage imagé, que ce château était habité autrefois par des chevaliers pillards qui arrêtaient et rançonnaient sans pitié les voyageurs et marchands allant faire le commerce avec l'Espagne. Or, il advint un jour que le château fut assiégé ; on se battit des mois entiers aux abords de la forteresse sans pouvoir la prendre d'assaut ; elle se rendit cependant, parce que les ennemis s'emparèrent du puits qui alimentait les assiégés.

De Mauvezin à Capvern (3 k. 5), montée continuelle. Le sol devient médiocre dans Capvern et reste fort passable jusqu'à Lannemezan.

De Capvern à Lannemezan, paysage sans intérêt, sur un plateau dénudé, caillouteux, formé d'abondants dépôts quaternaires et de débris morainiques provenant d'anciens glaciers pyrénéens. On a cherché à fertiliser cette région aride et déserte. « Le canal de Sarrancolin hardiment tracé de la haute vallée de la Nesle au plateau de Lannemezan vers la source du Gers est mal utilisé ; creusé pour transporter en moyenne 6 à 7 mètres cubes d'eau à la seconde, il n'en roulait naguère jamais plus de 2 à 3 et même on vit son débit se réduire à 1 mètre en été. La cause en est à la nature du terrain qu'il traverse dans la première partie de son tracé. Le sol calcaire, partout fissuré, laissait l'eau s'enfuir dans des galeries souterraines et l'on n'a pu le rendre étanche qu'à l'aide d'un revêtement bitumeux. Malheureusement, la masse liquide, en arrivant au milieu de landes qui n'ont pas besoin d'être arrosées, mais auxquelles des amendements calcaires seraient indispensables, parcourt encore le plateau sans grande utilité (1). »

L'ingénieur Duponchel a proposé d'utiliser ce canal au déblaiement des collines du Gers, formées de matériaux meubles, peu résistants et faciles à délayer par l'eau. De grandes masses de terre s'écroulant dans la vallée seraient entraînées par les canaux d'irrigation, les matériaux les plus lourds, tels que les sables, se déposeraient d'abord, les argiles, les marnes plus ténues seraient transportées plus loin et répandues sur les landes de Gascogne. Ce projet n'a malheureusement pas eu de suite.

***

A Lannemezan (6 kilomètres), je rencontrai M. Bouzigues, pharmacien à Paris, qui venait d'accomplir en sept jours le trajet de Paris à Tarbes (1,051 kilomètres), malgré un vent debout qui l'avait constamment gêné. M. Bouzigues s'attendait à me voir passer ce matin-là, car il avait eu connaissance de mon voyage et de mon itinéraire en lisant le *Véloce-Sport*. Cette heureuse rencontre m'a procuré le plaisir de passer quelques instants avec un fervent de la pédale ; inutile de dire que le tourisme eut tous les honneurs de la conversation.

La route monte encore en sortant de Lannemezan, mais le sol devient meilleur ; à 3 kilomètres, on croise celle d'Arreau à Auch, la bifur-

(1) Elisée Reclus. *Géographie de la France.*

cation se trouve à 638 mètres d'altitude. Deux kilomètres plus loin, Pinas, village situé dans une petite vallée.

On descend jusqu'à Montrejeau (16 k.), localité de 3,000 habitants, admirablement située sur le penchant d'un coteau dont la Garonne baigne le pied et qui possède de jolies promenades d'où on découvre un magnifique panorama du massif montagneux et des belles vallées des Pyrénées. L'église est dominée par un énorme clocher octogonal. Aux environs, près d'Aventignan, se trouve une grotte remarquable par ses stalactites.

Montrejeau date du XIIIe siècle, et fut, paraît-il, bâtie par Roger d'Espagne et Philippe le Hardi, roi de France, qui en firent aussitôt une place fortifiée entourée de bonnes murailles et de tours élevées. Elle eut à souffrir des guerres de religion et devint plus tard chef-lieu d'une subdivision d'Auch.

A la sortie de cette ville, descente très rapide avec tournant brusque au milieu ; presque aussitôt après avoir traversé un petit vallonnement, une côte dure conduit sur un plateau de 1 kilomètre de large ; puis on débouche à travers bois sur la vallée de la Garonne qu'on ne doit plus quitter jusqu'à Toulouse.

La Garonne présente un régime tout spécial, elle prend naissance dans le val d'Aran, pénètre en France par la gorge du Pont-du-Roi, étroit défilé, compris entre deux énormes rochers.

A la période quaternaire, de nombreux lacs placés de distance en distance servaient de déversoir aux eaux débordées; aujourd'hui, ces lacs ont disparu; les débris et les matériaux charriés par le cours d'eau les ont comblés peu à peu. L'ancien lit du fleuve a laissé de nombreuses traces; la plupart des alluvions de la vallée reposent en effet sur des amas de galets et de cailloux roulés. Dans la plaine de Rivière, on voit encore des rochers isolés qui, autrefois, étaient baignés par les eaux et constituaient autant de petites îles. On a établi près de Saint-Martory une dérivation qui prend 10 mètres cubes par seconde et va irriguer les 60,000 hectares de la plaine de Muret. Ce canal est insuffisant à régler les allures fougueuses du fleuve dont les inondations sont parfois terribles. Qu'on se rappelle la catastrophe de Toulouse en 1875, où plus de 7,000 maisons furent détruites par les eaux qui s'élevèrent à 13 mètres au-dessus de l'étiage.

Les bords de la Garonne ne sont pas toujours très fertiles; fréquemment les alluvions qui constituent le fond de la vallée sont uniquement formées d'argiles nommées « boulbènes » qui se détrempent pendant les pluies et prennent une grande dureté au moment de la sécheresse.

On amende ces terrains en y introduisant des argiles marneuses que l'on va chercher sur les hauteurs; la marne proprement dite n'existe pas dans la région.

Dans la vallée haute on récolte surtout le seigle; la culture n'est pas très avancée, car peu d'exploitations utilisent la machine à vapeur pour battre le grain; on emploie le fléau et le rouleau de pierre. J'ai vu à différentes reprises, dans les fermes qui bordent la route, des équipes de 8 à 10 moissonneurs laissant tomber en cadence le fléau qu'ils tenaient à la main. Cet instrument est lui-même rustique : il consiste en une petite gaule à laquelle est fixé, par une longue ficelle, un morceau de bois rond d'un mètre de longueur et de la grosseur d'un bâton de chaise.

Je laisse sur la gauche Villeneuve-de-Rivière ; quelques kilomètres plus loin, je gravis une côte assez rapide, et j'arrive à Saint-Gaudens, où je m'arrête à l'Hôtel de France.

***

Saint-Gaudens offre un intérêt historique considérable ; son origine date de l'an mille. Elle passa successivement des Comminges au Bigorre, du Bigorre au Béarn, et du Béarn au comté de Foix. La ville se fatigua promptement de ces changements continuels, et pour prévenir le retour de pareils événements, elle rédigea une charte, édicta des lois, nomma des échevins. Sa prospérité se développa surtout au XIVe et au XVe siècle. Ce fut le principal entrepôt du commerce avec l'Espagne. Elle tomba au pouvoir des Huguenots pendant les guerres de religion, passa ensuite aux mains des catholiques qui la saccagèrent complètement. On trouva à Saint-Gaudens beaucoup de monuments qui rappellent son passé ; sa vieille église, son vieux cloître de l'hôpital, l'Hôtel-de-Ville presque en ruine, une vieille halle, toute cette légion de maisons basses, délabrées, noircies par le temps, attestent suffisamment que son origine est lointaine.

Dans les environs, M. Lartet a trouvé des débris de sépulture, des outils, gravures d'animaux provenant de l'homme préhistorique, qui a laissé de nombreuses traces de son séjour dans cette contrée.

SAINT-GAUDENS

La ville est bâtie sur le bord d'une terrasse qu'un ancien lac séparait autrefois des montagnes. D'une petite promenade située vers le champ de foire on a une jolie vue de la vallée qui est couverte de belles prairies; au loin, les Pyrénées profilent leur haute silhouette sur un beau ciel azuré. Les massifs deviennent moins distincts, prennent des formes adoucies qui font plaisir à l'œil; l'âpreté sauvage de la roche, la nudité des sommets disparaissent dans une teinte bleuâtre, uniforme. Seuls, les géants de la chaîne, avec leur manteau de neige, leurs glaciers étincelants sont entourés d'une éblouissante lumière par l'action des rayons du soleil qui se reflètent vivement sur leur surface.

***

A partir de Saint-Gaudens, la route devient très belle et en pente douce jusqu'à Muret. Je traverse successivement Beauchalot (12 k.), Lestelle (4 k.), Saint-Martory (3 k.). Vers cet endroit, la vallée se resserre et devient pittoresque; on passe à la base de coteaux blanchâtres abrupts; sur la droite, je vois la Garonne dont les eaux vives et claires ont encore un cours rapide; plus loin, sur le plateau, j'aperçois les ruines du château de Montpezat.

MONTPEZAT

A dix kilomètres, Martres-Tolosane, sur un petit ruisseau, le Palais. Cette localité serait, paraît-il, une ancienne ville Augonia, détruite au ve siècle par les Vandales. Elle possède une source douée de propriétés miraculeuses. Saint Vidian, patron du bourg, lava, dit-on, avant de mourir, les plaies que lui avaient faites ses bourreaux, dans cette fontaine qui aurait maintenant le don de guérir certaines affections. Des fouilles pratiquées aux environs ont mis à jour des antiquités d'une importance considérable qui proviendraient d'un temple de la ville de Calogorris.

En sortant de Martres, le sol devient admirable, en pente douce continuelle, et pas une côte jusqu'à Muret; aussi, j'ai largement profité de ces conditions exceptionnelles; car, j'ai mis peu de temps pour franchir les 70 kilomètres qui séparent Saint-Gaudens de Muret; c'est certainement, de tout mon voyage, la portion de route la plus belle au point de vue vélocipédique. La vallée s'élargit de plus en plus, offre peu d'intérêt. Mais par contre, quel admirable coup d'œil, lorsque me retournant, je voyais dans le lointain le massif imposant des Pyrénées, encore très visible malgré la distance; je me suis arrêté à plusieurs reprises pour voir ce spectacle inoubliable, ces pics élevés, aux cimes neigeuses dont la teinte se fondait peu à peu avec la brune transparente qui recouvre toujours les grands reliefs montagneux. Jusqu'à Muret, j'ai pu contempler la chaine que j'apercevais encore confusément, le lendemain, avant d'arriver à Toulouse.

J'étais à cinq heures à Muret où je suis descendu à l'hôtel de France. Muret, ville assez mal percée, ne présente pas beaucoup d'intérêt; sur une promenade, se trouve la statue du général Niel. On voit un beau pont sur la Garonne.

TOTAL DE LA NEUVIÈME JOURNÉE

Bagnères-de-Bigorre à Saint-Gaudens.	57 k.
Saint-Gaudens à Muret.	70 »
Total	127 k.

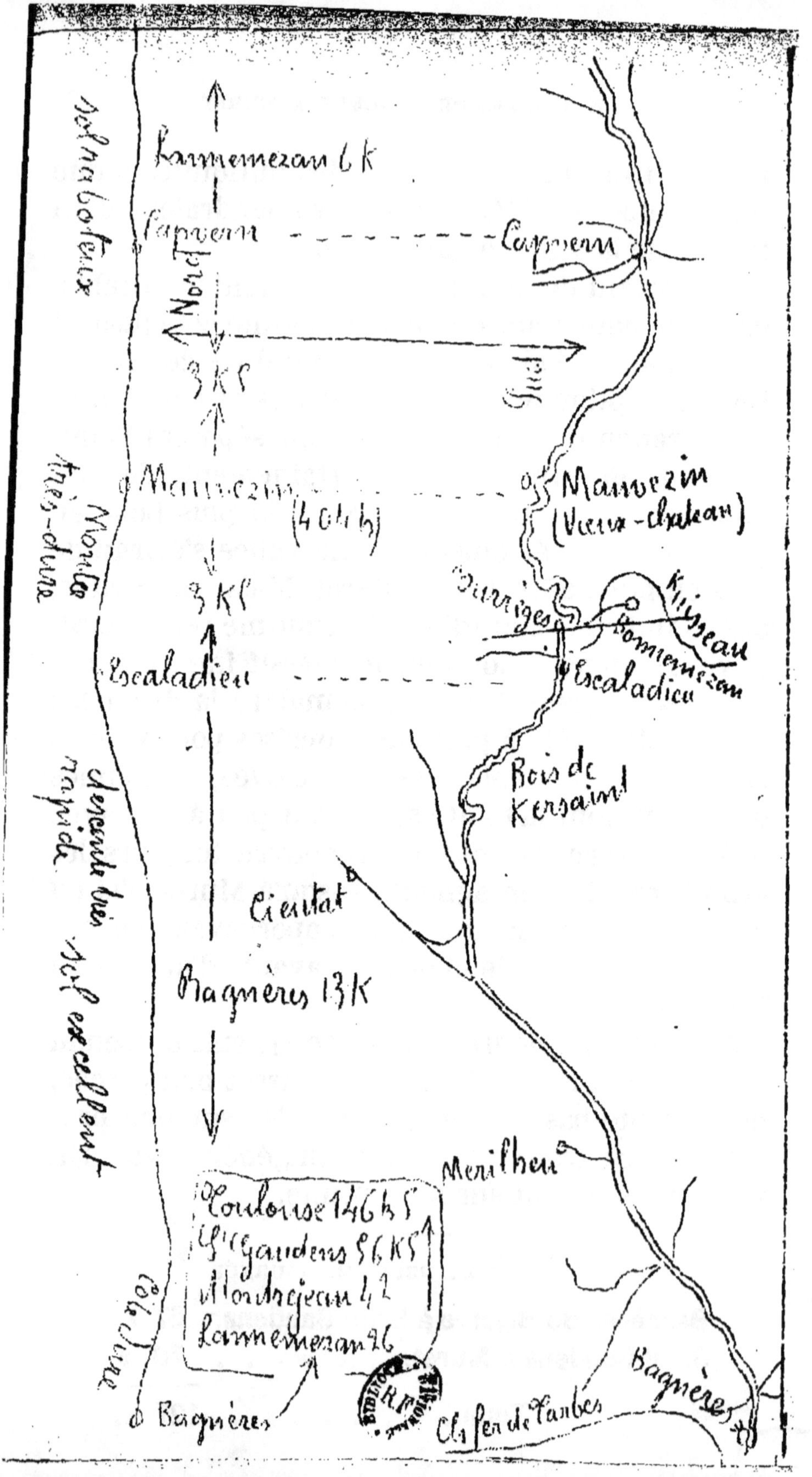

Sol raboteux

Lannemezan 6 K

Capvern

Nord

3 Kl

Capvern

Sud

Montée très-dure

Mauvezin (404 h)

3 Kl

Mauvezin (Vieux-château)

Durrigès

Luisseau

Bonnemazon

Escaladieu

Escaladieu

Bois de Kersaint

Descente très rapide

Cieutat

Bagnères 13 K

Sol excellent

Merilheu

Toulouse 146 KS
St Gaudens 96 KS
Montrejean 42
Lannemezan 26

Côte dure

Bagnères

Ch. fer de Tarbes

Bagnères

Villeneuve 9 K

Montrejeau (H Garonne) - - - Montrejeau
(alt. 454)

6 K

Sarrat (alt. 602) - - - - - Sarrat

8 K

Nord ←→ Sud

Pinas

2 K

Demi-Lune (alt 698)

2 K

Lannemezan - - -

Capvern 6 K

Sol excellent

Sol assez bon

Garonne Fl

Ausson

Poulaß

R Bagnères de Luchon

Mazères

St Paul

Ligne Tarbes à Toulouse

Pinas

Demi-Lune

R. Charreu

R. l'Arreau

Lannemezan (H Galan)

St Gaudens
(alt 365)

Labarthe

9 K 5

Toulouse 90
Muret 70
St Martory 20
de St Gaudens

St Gaudens (H. France)
(alt. 400)

St Gaudens

Miramont

Valentine

Nord

Sud

5 K

Villeneuve

Villeneuve

Montrejeau 9 K 5

Garonne Fl.

Garonne

Bordé

Pointis

Martres
(H Domijon)
Martres
Ligne Toulouse
Garonne Fl.
7 K
Nord
Boussens
Roquefort
Sud
Sol Excellent
accidenté
Mancioux Mancioux
(H. Pégot)
Mazères
Salat R.
9 K
Muret à 50 K
St Martory St Martory
(H. Castein) al. 283
R. St Girons
3 K
Montsaunès
Lestelle Lestelle
(al. 300)
4 K
Beauchalot
Beauchalot
Ligne Toulouse
Garonne Fl.

Carbonne

Carbonne
(H-Arboulat)

Noé 11K

Garonne Fl.

Laffite ----- Laffite

3 K

St Elix ----- St Elix

R. Fousseret

Station

4 K

Ch. fer Toulouse

Nord

Lavelanet ----- R. Fousseret

Lavelanet

Sud

Martres 11K R. Fousseret

Castelnau
hameau

Station

Cazeres
(H. Route)

Mondavezan

C.f. excellent en pente douce, insensible.

Muret (H de France)

Muret

R. Touloux

R. de Foix

8 K

St Hilaire

Garonne Fl.

Le Fauga

Le Fauga

Lacasse

4 K

Noe (H Prévost)

Noé

Station

Nord

Longages

Laffite 11 K

Sud

Garonne Fl.

Sol excellent Descente Douce continue

CHAPITRE X

De Muret à Toulouse

SOMMAIRE

Arrivée à Toulouse. — Les monuments. — Cathédrale. — Saint-Sernin. — Jardin des Plantes.

Le lendemain était un dimanche. Je fus réveillé par un bruit assourdissant de cloches et de clochetons tout à fait inusité : c'était un joli carillon installé dans le clocher de l'église, qui appelait les fidèles à l'office. Les habitants de Muret sont habitués à ce concert qu'ils entendent tous les dimanches. De l'hôtel, je voyais de nombreux groupes d'oisifs, circuler sur la place et sur la route de Saint-Gaudens ; ils attendaient, paraît-il, l'artillerie de Toulouse qui venait de terminer ses expériences de tir dans les landes de Gascogne ; je me souvenais, en effet, que la veille, j'avais traversé plusieurs batteries venant de Montrejeau. La dernière étape était Muret ; à huit heures de nombreuses estafettes arrivaient en avant-garde et parcouraient la ville en tous sens pour s'assurer des logements.

Vers neuf heures, je quitte Muret et me dirige tranquillement vers Toulouse, éloigné seulement de 20 kilomètres. Il faisait un temps splendide ; c'était une de ces belles et chaudes matinées d'août, telles qu'on en voit fréquemment sous le ciel pur du Midi; le soleil, déjà élevé au-dessus de l'horizon, dardait ses rayons brûlants sur la route poudreuse; les arbres qui s'alignaient de chaque côté en deux files interminables, étaient salis par la poussière et paraissaient tout blancs; la campagne dépouillée de ses récoltes offrait peu d'attrait. Je vais à une faible allure, car la chaleur commençait à devenir incommode malgré l'ombre portée par les branches qui s'avançaient au-dessus de ma tête jusqu'au milieu de la chaussée. Le sol assez bon en sortant de Muret devient détestable après le Portet (10 kilomètres), il est rempli de bosses et de trous qui ralentissent forcément la marche.

Bientôt, j'aperçois au loin les clochers de Toulouse. Les maisons qui se pressent sur le bord de la route, les villas entourées de jardins, les habitations de plaisance, un va-et-vient continuel de voitures, de camions, de chariots lourdement chargés, m'indiquent assez que j'approche de la grande ville.

A dix heures et demie, j'arrive au faubourg Muret, qui est long et fatigant à parcourir. Au pont Saint-Michel, je m'arrête quelques minutes pour prendre un peu de repos et m'orienter. Depuis la veille, la température avait brusquement changé et menaçait de devenir insupportable. Je devais heureusement rester un jour à Toulouse chez des parents où j'étais attendu.

Un cycliste de la ville m'avait donné des renseignements sur mon parcours; je vais lui rendre visite pour le remercier, mais, impossible de le rencontrer, puisqu'il était occupé ce jour-là dans la prairie du Basacle où l'on donnait une fête.

***

Toulouse est une grande ville du Midi à qui ses toitures rouges donnent de loin une physionomie spéciale; les rues sont mal percées, pavées en mauvais cailloux de rivière; on commence depuis quelques années à tracer de larges avenues et de beaux boulevards.

TOULOUSE

Le Capitole est un monument carré, lourd, avec une façade vulgaire qui n'a rien d'imposant, l'architecture est médiocre, le style un peu emphatique. Le mot « Capitolium » est inscrit en toutes lettres au-dessus de la façade. Sur la droite du monument se trouve le théâtre. Le nom de capitole vient du nom « capitouls » donné aux anciens magistrats de la ville avant 1789. Dans la cour intérieure, a été décapité un gouverneur du Languedoc, le maréchal Henri de Montmorency, accusé de haute trahison.

La place du Capitole est affreusement pavée de cailloux ronds qui fatiguent le pied. On doit, parait-il, reléguer autre part le marché qui s'y tient tous les matins.

La cathédrale Saint-Etienne n'a rien de remarquable, elle résulte de la fusion de deux églises d'époques différentes.

L'église Saint-Sernin, plus ancienne et restaurée par Viollet-le-Duc, est un bel édifice roman surmonté d'une tour octogonale tout en briques. On remarque, à l'intérieur, un Christ en bois tout incrusté de pierreries, trouvé il y a quelques années en pratiquant des fouilles. A l'entrée, dans une chapelle, on voit un beau tableau représentant saint Sernin. Le jubé est entouré d'une belle grille en fer forgé.

Toulouse possède de beaux squares et un très joli Jardin des Plantes, bien ombragé, renfermant quelques animaux rares. En me promenant à travers les allées bien percées et soigneusement entretenues, je remarque, dans une cage de verre, une énorme salamandre, couchée paresseusement sur le sable et restant des heures entières sans faire un mouvement ; une foule de badauds entourent la cage, attendant, avec patience et résignation, que l'animal veuille bien remuer un peu et donner signe de vie. Un peu plus loin, l'ours Martin, toujours amusant, toujours choyé du public qui le comble de friandises.

A l'extrémité d'une allée, près de l'entrée, dans une fosse pleine d'eau, barbottent d'énormes chiens de mer, montrant leurs têtes difformes, arrrondies et leurs corps lisses, d'un noir sombre. Parfois ils font entendre un cri rauque, puis ils plongent dans l'eau pour reparaître un peu plus loin. On les voit ensuite sortir de la fosse, se poser sur une plate-forme et rester immobiles au soleil pendant un temps assez long, inattentifs, indifférents à ce qui se passe autour d'eux. Ces animaux sont difficiles à acclimater ; ils périssent la plupart au bout d'un certain temps.

En suivant une avenue ombragée, j'aperçois dans une pièce d'eau des canards, des cygnes courbant gracieusement leur long cou en arrière ; par moment, ils plongent entièrement dans l'onde bienfaisante avec une visible satisfaction, on les voit ensuite battre de l'aile en signe de plaisir.

Plus loin, dans une grande cage grillée, quelques aigles ou vautours à l'œil perçant promènent sur les visiteurs un regard inquiet. Ces animaux n'aiment pas à être observés ; fréquemment ils se retirent dans les parties les plus sombres de leur prison. Ils subissent leur captivité avec une contrainte forcée et sont difficiles à apprivoiser. Ces oiseaux à vol puissant, sauvages, fiers, ne se plaisent qu'à de grandes hauteurs dans les pays de montagne.

A côté du Jardin des Plantes, se trouve le Jardin Royal, où de nombreux arbres séculaires recouvrent les allées d'un épais feuillage ; c'est un site délicieux de fraîcheur avec ses pelouses de gazon d'un beau vert, ses massifs de fleurs aux couleurs vives, offrant les dessins les plus variés.

La Garonne est déjà très large à Toulouse, elle présente en amont et en aval de la ville deux chutes d'eau d'une grande puissance qui font aller deux moulins autrefois très importants, le Basacle et le Château.

Je reste à peine une journée à Toulouse; aussi, je n'ai pu visiter la ville dans tous ses détails; malgré cela, j'en ai remporté une bonne impression et j'ai surtout conservé un excellent souvenir des hôtes chez lesquels j'étais descendu.

RÉSUMÉ DE LA DIXIÈME JOURNÉE

Muret à Toulouse. . . . . 20 k.

R Montauban
R. Lyon
R Castres et Lavaur
R Bordeaux
Garonne R
R Condom
R Castres
o Toulouse
(H. Carcassonne)
Toulouse
R Bayonne
R Lombez
R Muret
R Muret
R Narbonne
sol marécageux
10 K
ligne de Tarbes
Garonne R
o Portet
Portet
o Pinsaguel
Roques
ligne de Foix
Muret 10 K
sol excellent
o Saubens

CHAPITRE XI

De Toulouse à Cordes

SOMMAIRE

Gaillac et ses curiosités. — Cordes. — Ses vieilles maisons Souvenirs qui s'y rattachent

Le lundi, à deux heures, je prends le train pour Gaillac (50 k.) où j'arrive vers quatre heures.

La ville présente certaines curiosités dignes d'intérêt ; entre autres, l'église Saint-Michel surmontée de clochers fortifiés, la tour de la Palmata, décorée de belles peintures murales, plusieurs maisons des XIIIe et XIVe siècles ; dans l'une d'elles, paraît-il, se voit une cheminée merveilleusement sculptée. Son origine remonte assez loin ; pendant longtemps, elle fut siège de juridiction royale du pays Albigeois.

La visite de Gaillac me prit une heure environ ; je revins à la gare pour me diriger vers Cordes (24 k.), où je devais aller coucher. En sortant de la ville, la route monte continuellement pendant 5 kilomètres et atteint une terrasse ondulée d'où l'on a une vue splendide de toute la plaine d'Albi. Après avoir franchi la Vère, profondément encaissée dans un ravin, j'escalade de nouveau le plateau dont le parcours devient triste et monotone. Je vais à une assez vive allure, jetant par moment un regard distrait sur le paysage peu intéressant. L'atmosphère est tranquille, aucune brise, aucun souffle d'air ne se fait sentir ; malgré l'heure avancée, la chaleur est encore assez forte ; le soleil, qui toute la journée a projeté à profusion ses ardentes effluves, penche à l'horizon et plonge bientôt dans de gros nuages noirs ; quelques moments après, il montre son disque élargi et tout rouge sur le bord d'une colline derrière laquelle il ne tarde pas à disparaître. Le calme de l'air, la solitude qui m'entoure invitent à la rêverie ; je repasse dans mes souvenirs les différentes péripéties de mon voyage et revois comme dans un songe les sites merveilleux que je viens de visiter !... Un vif incident vint brusquement interrompre ma méditation. Devant moi arrive à toute vitesse un cheval emballé attelé à une charrette anglaise ; je cède vivement la place et me détourne juste à temps pour ne pas être renversé. L'attelage passe à mes côtés comme une vision rapide et va se jeter plus loin contre un mètre de cailloux ; c'est véritablement miracle que la voiture n'ait pas été renversée par ce choc violent ; la bête effrayée reprend sa course folle et disparait bientôt dans un nuage de poussière.

Je passe, sans m'en douter, au-dessus du chemin de fer de Paris-Toulouse ; la ligne est sous un tunnel ; je l'aperçois un peu plus loin dans une tranchée profonde.

Bientôt, par une descente longue, rapide, j'atteins la vallée du Céron, puis tourne brusquement à gauche. Cordes, construit sur un monticule en forme de pain de sucre, se montre à quelques cents mètres de là. C'est une ville extrêmement curieuse à bien des points de vue ; par sa position d'abord et surtout par les souvenirs historiques qui s'y rattachent. Cordes est, en effet, une vieille ville autrefois fortifiée qui a dû jouer un rôle

CORDES

important dans les guerres de religion, à cause de son admirable situation et de la facilité avec laquelle on pouvait la défendre. Elle fut fondée au treizième siècle par le comte de Toulouse Raymond VI et elle a conservé presque intégralement la physionomie qu'elle avait au moyen âge; on y voit encore des remparts, des portes fortifiées, des maisons anciennes qui ont gardé leur cachet primitif. Parmi ces maisons, on remarque celle du *grand écuyer*, du *grand veneur*, du *grand fauconnier* ; la plus remarquable est la maison de *Sicard d'Alaman.* Les rues sont en pente tellement rapide que les omnibus ne peuvent monter qu'à mi-côte; les différents objets ou colis qui doivent être portés au centre de la ville sont chargés sur des petites voitures à bras. Au point culminant se trouve une promenade limitée d'un côté par un rempart d'où on a une belle vue sur la vallée du Céron. Près de l'église, un peu en contre-bas, sont les halles dont le sol est couvert d'un dallage en pierre. Une croix de fer très ancienne est adossée contre un des piliers; elle repose sur un piédestal d'une certaine hauteur qui est bâti au-dessus d'un puits dont l'orifice est fermé depuis longtemps. Derrière, fixée sur le pilier, se voit une plaque de marbre portant l'inscription suivante: « L'érection de cette croix a été imposée à la ville en 1321 par le pape Jean XXI en expiation du massacre de 3 inquisiteurs jetés dans le puits en 1234 à la suite de la condamnation par ces derniers de plusieurs personnes destinées à être brûlées vives sous prétexte d'hérésie. »

Cette croix érigée devait lever l'excommunication qui frappait la ville depuis plus de 80 ans. Il y a, paraît-il, à la mairie, un vieux missel que l'on conserve religieusement et que l'on montre au visiteur. Dans les environs de Cordes existent plusieurs châteaux et moulins fortifiés. On y trouve aussi des dolmens et des débris d'objets préhistoriques. Du reste, toute la région fut profondément troublée pendant la guerre de Cent ans; et on raconte que les Anglais ravagèrent à un tel point l'Albigeois, que la population déserta en masse les campagnes pour chercher un refuge dans les villes fermées. Les vignobles restèrent incultes faute de bras pour les cultiver.

J'étais descendu à l'hôtel du Nord, tout en haut de la ville, près de la place de l'Eglise.

TOTAL DE LA ONZIÈME JOURNÉE

Toulouse à Gaillac, chemin de fer .	70 k.
Gaillac à Cordes	24 »
Total	94 k.

La carte à la fin de ce chapitre ne se raccorde pas à celle de Toulouse ; elle part de Gaillac. — Toulouse, Gaillac, fait en chemin de fer.

Cordes
(H du Nord)
Descente très rapide
13 Kl
Nord
Sol excellent
Côte assez dure
Cahuzac
9 K
Sud
Monteil
Côte longue assez dure
8k7
Gaillac (H Jalabert)

Aurillac 170
Figeac 106
Villefranche 69,8
Cordes 24
de Gaillac

R. Cahors
Cordes
R Figeac
R. Albi
Station
Vindrac
Frausseilles
Station
Donnazac
Cahuzac
Vère R.
Vieux
Station
Ligne de Figeac
Montels
Broze
Gaillac
R. Albi
R. Montauban
R. Castres
R. Toulouse
Tarn R.

CHAPITRE XII

De Cordes à Maurs

SOMMAIRE

Vue de Cordes. — La Guépie. — Vallée de l'Aveyron. — Villeneuve. — Le Lot. — Capdenac. — Figeac. — Vallée du Célé. — Dîner à Maurs.

Le mardi 11 août, je quitte l'hôtel à cinq heures et demie et descends à travers les rues de la ville jusqu'à un carrefour où se trouve la remise de l'hôtel du Nord. A droite, est la route de Gaillac; à gauche, la route de Montauban; en face, celle de Figeac. Je prends cette dernière, c'était la seule qui devait me conduire directement vers l'Auvergne. Après avoir franchi le Céron, on s'élève sur le versant d'une colline boisée; la pente, douce d'abord, s'accentue peu à peu, ne tarde pas à devenir très dure. Je me suis retourné plusieurs fois avant de quitter définitivement la vallée pour examiner Cordes, fièrement campé sur son monticule isolé; en raison de sa position élevée, cette ville reste visible pendant un certain temps, à mesure qu'on s'éloigne; et si la veille, avant d'y arriver, je n'avais pu la distinguer entièrement, c'est que le plateau sur lequel je roulais la masquait complètement. Vue à distance, elle devient extrêmement pittoresque avec ses maisons blanches qui s'entassent les unes au-dessus des autres dans un désordre inexprimable ; on se croirait en présence d'un immense château-fort du moyen âge avec ses nombreuses dépendances étagées le long d'un rocher à pic.

Bientôt la ville disparait tout à fait, je la perds de vue en pénétrant dans une profonde vallée. Une montée dure, caillouteuse, me conduit sur un plateau peu étendu, presque aussitôt suivi d'une descente dangereuse qu'on doit effectuer à pied. Je ne crois pas avoir vu de pentes aussi rapides dans les Pyrénées.

En bas de la côte, la Guépie (12 k. 5). La route fait un brusque détour avant d'atteindre les maisons et se continue aussitôt par une rue tortueuse, mal pavée.

Ce bourg, où je m'arrête quelques minutes, se trouve profondément encaissé au confluent du Viaur et de l'Aveyron, rivières qui coulent dans des gorges étroites, sinueuses, pittoresques. Il faut croire que la vélocipédie est peu connue dans ce pays, car mon arrivée a révolutionné tous les chiens de la localité; au coin d'une rue, une énorme bête noire s'est précipitée sur moi et m'a fort effrayé; aussi, devant la persistance de l'animal et la tranquille indifférence du propriétaire, j'ai simplement sorti mon revolver de sa gaîne; la vue de cette arme a fait peur au chien, qui s'est éloigné. J'ai vu un certain nombre d'habitants assis sur le pas de leur porte occupés à fabriquer du grillage en fil de fer galvanisé; c'est toute l'industrie de la Guépie.

Jusqu'à Villefranche, les accidents de terrain sont fréquents ; je débute en sortant de la Guépie par une côte de 5 kilomètres. Une descente douce précède Saint-André (10 k.). Si le trajet est pénible, le paysage est charmant et le touriste absorbé par la vue de cette nature changeante oublie facilement ses fatigues. A peu de distance, l'Aveyron coule dans un ravin dont il est impossible de voir

VILLEFRANCHE

le fond tellement il paraît étranglé entre les escarpements fortement boisés qui descendent du plateau. A mesure que je m'élève, l'horizon s'élargit ; le pays devient tourmenté, et paraît entrecoupé de nombreux vallons. Je traverse le Ceren, qui va mélanger plus loin ses eaux limpides à celles de l'Aveyron. Sur la droite, la Fouillade (6 k.). Au delà, le paysage commence à se modifier et reste peu intéressant jusqu'à Sauvensa (8 k. 5) (509 m.

altitude). Après cette bourgade, la route s'abaisse et par une série de lacets rejoint la plaine qui précède Villefranche de Rouergue.

Le sol est très bon, aussi, je puis savourer à mon aise les charmes de cette longue descente et contempler à gauche la capricieuse vallée que j'avais quittée à la Guépie; à droite, des collines élevées recouvertes d'épais taillis. Bientôt, j'aperçois Villefranche (8 k.) où j'arrive vers 10 heures. Cette ville offre peu d'intérêt au touriste; on y remarque cependant l'église Notre-Dame, construite au XIIIe siècle, avec une énorme tour inachevée qui présente plusieurs étages de fenêtres et de balustrades fort riches.

Je ne fais que traverser la ville et m'engage dans un petit vallon où coule un ruisseau, l'Alzou. La route est creusée dans le rocher qui surplombe à gauche, elle est soutenue à droite par des remblais en pierre. De l'autre côté se voit la ligne de Figeac.

Je traverse quelques bois et arrive à Villeneuve (12 k.) où je déjeune à l'hôtel de la Croix-Blanche, en compagnie de disciples de Saint-Hubert, qui ont chaudement discuté sur le chapitre chasse. Je prenais part à cette conversation venue fort à propos, puisque l'ouverture, cette époque si impatiemment attendue des chasseurs, se trouvait à quinze jours de là.

L'origine de Villeneuve est très ancienne; j'y ai remarqué beaucoup de vieilles maisons avec débris de sculptures; on passe, pour aller dans le bourg, sous un porche qui devait appartenir à quelque château aujourd'hui détruit.

***

Je quitte Villeneuve vers une heure et demie et parcours une région peu fertile, calcaire, pierreuse, rappelant par sa constitution les *causses* de la Lozère. Le terrain est tout crevassé, rempli de fissures ; rarement l'eau séjourne à la surface ; les pluies tombent comme sur un crible, disparaissent rapidement, s'écoulent par des conduits souterrains inconnus ; et après un parcours plus ou moins sinueux, débouchent sur le pourtour des talus extérieurs où elles forment des sources nombreuses. Aussi la délicieuse fraîcheur des ravins, l'abondante végétation qu'on y rencontre contraste singulièrement avec l'aridité des plateaux.

Au delà de Loupiac, je vois au loin une tranchée profonde ; sur les versants presque à pic, s'étagent des taillis qui poussent avec vigueur : c'est la belle vallée du Lot. Je franchis cette rivière sur un pont suspendu et presque aussitôt le chemin de fer de Cahors. Le Lot qui coule calme et tranquille rappelle de bien loin les allures torrentielles qu'il dut avoir à une époque assez éloignée. Il n'est pas douteux en effet que ces causses formées de calcaires jurassiques étaient unies sur toute leur étendue au moment de leur formation ; les torrents de l'époque diluvienne, avec une violence dont rien ne peut donner idée, ont raviné énergiquement le sol, profitant des fissures déjà existantes et creusant à la longue ces gigantesques découpures où circulent paisiblement aujourd'hui les affluents de la Garonne.

A droite, on aperçoit Capdenac, bâti sur un rocher qui s'avance comme un promontoire et force le cours d'eau à décrire un vaste circuit. Cette ville a conservé les restes de fortifications provenant de deux époques différentes; les unes construites sous les Romains, les autres datant du quatorzième siècle. C'était l'ancienne résidence de Sully.

Je monte à pied la côte de la Madeleine, qui a quatre kilomètres; peu de temps après, j'atteins Figeac par une longue et rapide descente.

***

Figeac est une ville assez agréablement située sur le Célé, affluent du Lot; ses maisons datent du XIIIe siècle. Sur les hauteurs voisines s'élevaient jadis quatre aiguilles portant des fanaux destinés à guider les voyageurs: deux de ces aiguilles existent encore, l'une à l'ouest, l'autre au sommet de la côte de Lissac. La ville fut pillée par les protestants en 1576.

Je m'arrête quelques instants au café Bosquet, rendez-vous ordinaire des cyclistes de Figeac; je rencontrai quelques membres du club; l'un d'eux voulut bien m'accompagner jusqu'à la sortie de la ville.

En quittant Figeac, je m'engage dans le joli petit vallon du Célé, étroit, tortueux, où la rivière, le chemin de fer et la route semblent se disputer le terrain, tellement la place manque; la ligne ferrée s'est peu occupée des sinuosités, a tranché brutalement dans la roche pour aller tout droit devant elle. Je la vois passer sous un tunnel, traverser le ruisseau, disparaître de nouveau sous la colline pour se montrer un peu plus loin. La route, plus docile, ayant moins souci de la ligne droite, suit les détours de cette charmante vallée où la vue est bornée, il est vrai, mais où l'œil suit avec complaisance les gracieux contours de ses pentes

VALLÉE DU CÉLÉ

boisées. A 13 kilomètres de Figeac, je traverse un petit village, Bagnac. Il était six heures quand j'arrivais à Maurs.

Maurs, petite ville de 3,002 habitants, au confluent de la Rance et de l'Arcombe, fait un abondant commerce de blé, de jambon et de châtaignes. C'est la localité la plus importante entre Figeac et Aurillac.

Je descends à Maurs à l'hôtel Cambalarrade, où j'ai fort bien diné; j'arrive vers le milieu du repas; je trouve là un groupe de joyeux convives autour d'une table chargée de mets; je croyais avoir été indiscret; pas du tout, c'était bien la table commune; seulement, le maître de l'établissement mariait son fils le lendemain, il voulait que tout le monde chez lui soit content et bien servi ; c'est pourquoi, il traitait les voyageurs d'une façon exceptionnelle. Je ne regrette pas cette charmante soirée où j'ai bien ri. J'avais deux voisins avec qui je liais rapidement conversation. Les relations deviennent faciles et promptes en pareilles circonstances. Les langues déliées par un bon petit vin rouge allaient leur train, je vous l'assure. Après le repas, nous sommes allés déguster un bon café sur la terrasse de l'hôtel. Mais voilà bientôt onze heures ; il faut songer au sommeil ; aussi, je ne tarde pas à quitter mes aimables compagnons pour aller me reposer.

TOTAL DE LA DOUZIÈME JOURNÉE

De Cordes à Villeneuve.	57 k.
De Villeneuve à Maurs.	48 k.
Total.	105 k.

la Fouillade
(Sanvensa à 9 K)
Najac (station)
6 K
La Fouillade
Ceren R.
S' André
Montée dure
très accidenté, sol bon ou assez bon
6 K
S' André (11,55 h)
(alt. 395)
Montée dure, continue
Côte très dure
10 K
Nord
Aveyron R.
L. de Figeac
Viaur R.
La Guépie
(H. Marie)
Aveyron R.
S' Martin et
la Guépie
R. le Ségur
Descente côte très dure
très rapide (sol mauvais)
La Chapelle
Ségalat
12 K
Sud
Côte longue
assez dure.
Bournazel
R. Monestier
Cérou R
Cordes
Cordes
Gaillac à 21 K

Villeneuve 8 K
St Remy
o St Remy
Nord
6 K 2
R Rodez par Rignac
L. Figeac
Ruisseau
R. Laussade
Villefranche
Aveyron R
o Villefranche
(H. Grand Soleil)
Sud
(alt. 256)
Maurs 39,2
Figeac 36,5
de Villefranche
R Rodez par Rieupeyroux
8 K 7
Longue descente, rapide
Sol excellent
alt. 509
o Sauvensa
(1508 h)
Ruisseau
Aveyron
ligne de Figeac
Sauvensa o
Ruisseau
accidentée
Monteil
Station
(alt 461)
La bri (hameau)
La Fouillade 8,5
R. Najac

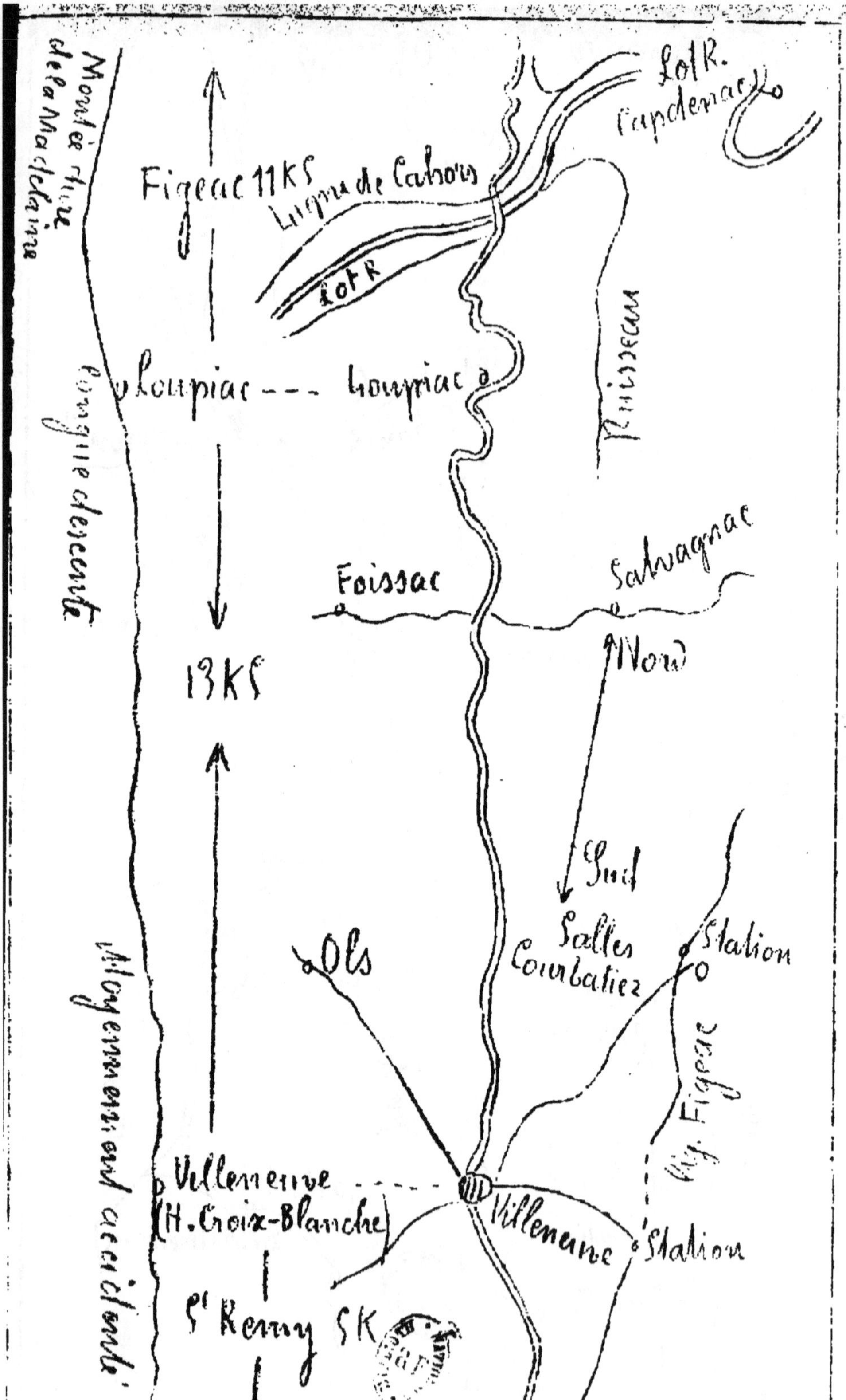

Lot R.
Capdenac

Montée dure de la Madelaine

Figeac 11 KS

Ligne de Cahors

Lot R

Ruisseau

Loupiac --- Loupiac

Longue descente

Foissac

Salvagnac

Nord

13 KS

Sud

Salles Courbatiez

Station

Ols

Moyennement accidenté

Ligne Figeac

Villeneuve
(H. Croix-Blanche)

Villeneuve

Station

St Remy 5 K

Maurs --- R. S' Pirgues
(H. Cantalarade)
(alt. 281)

9 k

Bagnac (H. Voyageurs)

9 k 5

Viazac
Auberge
(Lacombrade)

6 K

Figeac
(H. Voyageurs)

Louniac
11 k 5

En campagne très dure
sol excellent

Descente
très rapide

Maurs (Cayrol à 18 K)
R. Decazeville
S' Constant
Célé R.
Ruisseau
R. Decazeville
Bagnac
Station
Veyres R.
Pilargues R.
Ligne d'Aurillac
Viazac
R. S' Perdoux
Célé R.
Nord
Sud
R. Capdenac
Figeac
R. Tulle
R. Cahors
Célé R.
R. Brives
R. Cajarc
L. Capdenac

Aurillac 64
Cayrol 40 k 7
Maurs 22 k 7
de Figeac

CHAPITRE XIII

De Maurs à Vic

SOMMAIRE

Montée de 16 kilomètres. — Vue de la plaine d'Aurillac. — Les sources dans le Cantal. — Aurillac. — La ville, son origine. — Vallée de la Cère. — Vic. — Pas-de-la-Cère. — Route de Paillerols.

Debout le lendemain à 6 heures, après un léger repas, je prends la direction d'Aurillac. A trois kilomètres de Maurs commence une montée dure, continue, de 16 kilomètres dans une petite vallée qui n'en cède guère en beautés à celle du Célé. Elle est plus étroite, paraît plus encaissée et tout imprégnée de fraîcheur. Les versants tombent à pic et se touchent presque à leur base, tandis qu'entre eux s'allonge une étroite bande de prés dont la belle teinte verte tranche avec le feuillage plus foncé des taillis voisins. Au milieu coule un petit ruisseau grossi à chaque instant par les minces filets d'eau qui arrivent de tous côtés. La route s'élève sur les pentes du vallon, pentes irrégulières, capricieuses, qui s'infléchissent brusquement ou s'abaissent peu à peu, si bien que j'avais à ma gauche tantôt un tertre incliné, tantôt un précipice. Ce ravin est en quelque sorte un fouillis inextricable de contreforts descendus sans ordre de la crête du plateau, s'emboitant les uns dans les autres et forçant le cours d'eau qui est au fond à décrire des sinuosités sans nombre.

Après une heure de marche, je m'approche du sommet de la côte ; la végétation se modifie progressivement, les bois touffus, les massifs de verdure s'éclaircissent et font place aux châtaigniers qui étendent leurs branches noueuses au-dessus d'un sol jauni. J'arrive à Cayrols (18 k.). Un peu au delà de ce village, le chemin de fer d'Aurillac passe dans une profonde tranchée. On monte encore pendant 2 kilomètres environ. Le terrain devient aride ; à peine voit-on de loin en loin quelques prairies où l'herbe se montre rare et des champs pierreux où croissent péniblement l'orge ou le seigle ; c'est à peu près la seule culture possible dans ces régions ingrates.

Je passe à côté d'une lande inculte toute hérissée de rochers volumineux ensevelis la plupart dans une couche de gravier ou de sable rouge.

Tout à coup, après un détour, la vue, bornée jusqu'à présent, devient immense. Devant moi s'étend toute la plaine d'Aurillac ; je devine au loin la vallée de la Cère par une traînée d'un vert foncé qui traverse toute cette région boisée et fortement ondulée ; à l'horizon se dessine le profil régulier des monts du Cantal. Pendant quelques instants j'examine avec attention cet admirable paysage ; puis je m'abandonne aux douceurs d'une descente de 6 kilomètres qui me conduit au pont de Sansac, jeté sur la Cère à travers les rochers. Je rencontre en chemin un brave ecclésiastique poussant péniblement devant lui un tricycle chargé de bagages. A dix heures, j'arrive à Aurillac.

Un des charmes, un des agréments de cette traversée du Cantal est l'abondance d'eaux claires, limpides, que l'on trouve presque partout. Sur mon parcours, dans les fossés, le long des talus, coulent de minces filets d'eau. Beaucoup de ces sources ont été captées par les habitants pour irriguer les prés et rafraîchir les pâturages qui croissent avec peine sur ce sol pauvre. J'apercevais fréquemment le long de la route des tubes de terre recouverts de mousse, des rigoles de bois toutes vermoulues par lesquels s'écoulait une eau excellente à boire.

J'avais acheté à Toulouse une petite poche en cuir, très commode en voyage pour se désaltérer lorsqu'on rencontre une fontaine; il est bon, en pareille circonstance, pour atténuer la fraîcheur et la crudité de l'eau, d'y ajouter quelques gouttes d'une liqueur alcoolique.

Aurillac paraît dater des Romains ; son abbaye de Saint-Géraud fut longtemps célèbre par la fameuse école d'où sortit le pape Gerbert. Aux quatorzième et quinzième siècles, cette ville fut prise et saccagée plusieurs fois par les Anglais, malgré son château-fort et les hautes murailles qui l'entouraient. Il ne reste plus rien des anciennes fortifications. Le château se réduit à une vieille tour englobée dans des constructions récentes qu'on nomme le Castanet.

De Maurs, j'avais écrit à un ami habitant Aurillac pour le prévenir de mon passage. Grâce à lui, j'ai pu visiter rapidement la ville dont les rues sont mal percées, mais propres, arrosées d'eaux courantes qu'alimentent deux sources abondantes. L'église Saint-Géraud possède quelques tableaux et un orgue d'une certaine valeur. On voit sur un square assez bien entretenu le Palais de Justice, tout en granit ; plus loin, le lycée, belle construction également en granit, que l'on vient de terminer.

AURILLAC

Au bas de la ville s'étend une jolie promenade que l'on appelle le cours Montyon ou du Gravier. Je passe de l'autre côté de la Jordanne, dont je suis les bords pendant quelques minutes pour voir un des quartiers pittoresques d'Aurillac. Sur la rive droite existe une rangée de maisons basses, inégales, délabrées, couvertes en tuiles rouges, où habite la population pauvre. La façade donne dans une rue parallèle au cours d'eau ; le chevet qui baigne dans la rivière même présente un aspect bizarre avec des escaliers, des galeries, des poteaux, des balustrades en bois, construits sans symétrie aucune ; du linge, des effets étendus sur ces galeries sèchent au soleil, tandis que des mioches à mine barbouillée se promènent à grand bruit de sabots sur des parquets raboteux.

***

Je déjeune à l'excellent hôtel Saint-Pierre et quitte Aurillac par le côté sud pour me diriger vers le Lioran. Le trajet commence par une montée assez longue, mais peu rapide, puis on tourne brusquement à gauche en suivant la base du puy Corny. Je traverse quelques bois de sapins et arrive dans un vallon étroit séparé de la Cère par une énorme masse de basalte masquant complètement la vue : un petit ruisseau coule à ma droite à la base des rochers. Vers Giou-de-Mamon, la route s'infléchit vers le sud et s'élève entre deux coteaux qui s'écartent peu à peu. Tout à coup l'horizon s'élargit, j'aperçois au sommet de la côte une échappée superbe à travers le ciel bleu et devine un paysage grandiose derrière cette ondulation que j'ai hâte de franchir ; encore quelques mètres et me voici au bord d'une terrasse d'où la vue est splendide. Le pan de rocher sur lequel s'appuie la route, ressemble à un belvédère dont la position élevée permet de dominer le magnifique panorama qui s'offre à la vue du touriste émerveillé. Je vois dans toute son étendue la belle vallée de la Cère, riche, bien cultivée, recouverte encore de ses moissons jaunes et de prés verdoyants. La rivière circule paisiblement dans la prairie ; elle a perdu la fougue impétueuse qu'on lui voit dans la montagne et se déroule maintenant en longs circuits à travers cette plaine plantureuse.

L'impression que produit cet ensemble admirable est plus vive encore si le voyageur n'est pas prévenu du brusque changement de paysage. Il arrive d'un vallon étroit, encaissé, coupé de ravines, encombré de blocs de pierres, où la nature un peu sauvage se montre sous des formes rudes, où la végétation lutte pied à pied contre l'aridité du sol. L'œil, habitué à se mouvoir dans un espace restreint, reste ébloui lorsqu'il plonge dans cette délicieuse vallée qui se montre après un brusque détour. L'âme du touriste, lasse des sensations vides que provoquent les sites qui se succèdent avec monotonie, fatiguée de la vue des sombres rochers qui arrêtent obstinément le regard, se dilate librement en présence de ce spectacle inoubliable, et se recueille dans la contemplation muette de ce grand tableau de la nature.

A Polminhac (16 kil.), on gagne le fond de la vallée par une descente dure, raboteuse.

Vers deux heures j'arrive à Vic où m'attend mon ami venu d'Aurillac par le train. Nous consacrons notre demi-journée à visiter cette bourgade et ses environs. Vic est l'ancienne capitale des Cardales ; dans l'église on voit des peintures bizarres.

***

Une excursion, qu'on ne doit pas omettre, est celle du Pas-de-la-Cère, où le torrent a rencontré une coulée de lave qu'il a coupée dans toute sa largeur et sciée presque perpendiculairement.

Pour y arriver, on franchit le cours d'eau et on remonte la rive gauche à travers les prés. Comme le site est assez difficile à trouver, il est bon de demander exactement le chemin à suivre avant de partir. A différentes reprises, on s'approche de la Cère dont les eaux coulent doucement à l'ombre des vergnes touffus qui se penchent à la surface et le recouvrent d'un épais feuillage. Après vingt minutes de marche, nous arrivons au but

PAS-DE-LA-CÈRE

de l'excursion. Nous avons devant nous une énorme fente qui semble faite dans le roc d'un gigantesque coup d'épée. Des rochers élevés, perpendiculaires, s'élèvent à plus de 60 mètres. Le défilé est d'une égale largeur dans toute sa hauteur et d'une parfaite régularité. Nous nous arrêtons quelques instants le long de ces parois humides, glissantes, où le pied incertain a peine à trouver un solide appui ; le lit est encombré d'énormes pierres qui permettent de passer d'une rive sur l'autre; au-delà, la vue est bornée, la gorge sinueuse s'infléchit brusquement, si bien que l'eau semble sortir d'une caverne; sur notre gauche nous voyons un rocher volumineux sorti de son énorme alvéole, penché sur le défilé; il semble à chaque instant qu'il va s'écrouler dans le lit du torrent; mais il est là depuis des siècles; sa surface rugueuse est toute noire, des taches livides formées de mousses sombres, chétives, des plaques grisâtres de lichens attestent qu'il y a longtemps qu'une dislocation quelconque l'a fait émerger de la paroi. De l'autre côté, le rocher entamé dans sa base sur une certaine longueur montre une excavation profonde où il est impossible de se tenir debout. Dans cette cavité, une rigole entraîne en dérivation une partie des eaux du ruisseau qui vont rejoindre un peu plus loin le lit principal.

En haut, au-dessus de nos têtes, d'énormes chênes enracinés sur les bords du précipice penchent leurs cimes ombragées et forment en se rejoignant un dôme de verdure qui tempère les ardeurs du soleil.

Notre promenade dura bien deux heures; au retour, nous allons voir de près l'établissement minéral, construit à la base de la colline; les eaux sont acidules, gazeuses, propres à faciliter la digestion; on les emploie également contre l'anémie. Vic est d'ailleurs une station thermale qui voit un certain nombre de baigneurs dans la belle saison. Nous nous élevons ensuite sur le coteau qui est au-dessus de l'établissement, en suivant la route de Paillerols. Nous dominons bientôt la vallée qui n'est pas très large à Vic. Je revois encore dans un souvenir confus ces vertes prairies découpées en rectangles par de longs rideaux de peupliers ; ces champs de seigle à reflets dorés que les moissonneurs commencent déjà à faucher ; de l'autre côté de la Cère, Vic, en amphithéâtre

Vic-sur-Cère

sur le bord de la route avec ses vieilles maisons couvertes d'ardoises qui reflètent vivement les rayons du soleil. En portant notre regard un peu plus haut, nous voyons sur la colline opposée des forêts de sapins qui contrastent singulièrement par leur teinte foncée avec le riant paysage que présente la plaine. A l'ouest, la vue est très étendue ; on aperçoit dans toute sa longueur la vallée de la Cère qui s'ouvre peu à peu en allant vers Aurillac ; à droite, les collines se rapprochent les unes des autres et s'étagent jusqu'au Plomb du Cantal. Sur leurs sommets grisâtres et sur les flancs noircis, là où le sol n'est pas trop aride, des pâturages remplacent les prés naturels qui croissent si vigoureusement au fond de la vallée.

TOTAL DE LA TREIZIÈME JOURNÉE

Maurs à Aurillac.	42
Aurillac à Vic.	20
Total.	62

Pont de Salmiac 485 ↗

St Mamet

6K

Cayrols (496 h.) (alt. 570) --- Cayrols

Nord

18K

Sud

(alt. 280)

Maurs --- Maurs

Côte très dure après la traversée du chemin de fer

Montée continue, dure par sa longueur (Sol excellent)

Roumégoux

Ch. fer d'Aurillac

Coubraux (hameau)

Courbières (hameau)

R. d'Aurillac

Roluziers

Boisset

St Julien

Ruisseau

Cères R.

Moulègre R.

Ch. fer d'Aurillac

Quézac

Ruisseau St Étienne

Yolet 12K

Aurillac (H S' Pierre)

Aurillac

R. Mauriac

11K

S' Flour 76
Murat 52K
Lioran 40K
Vic 20K
d'Aurillac

Sansac

2K3

Pont de Sansac

S' Mamet 4K5

R. S' Simon

Jordanne R.

R. Murat

Cère R.

R. Rodez

Arpajon

Jordanne R.

R. d'Argentat

Nord

R. Roannes

Cère R.

Sud

Ytrac station

Ligne Figeac

Sansac

Cère R.

Roannes R.

Pont de Sansac

Ruisseau

R. S' Mamet

Montée [illegible]

St Jaques de Blats 9K

Thiezac ---- Thiezac

Cère R.

Rigue d'Anvaud

7K

Ruisseau

Pas de la Cère

Établissement thermal

Vie-s-Cère (H. Vialatte)

Ruisseau

R. Paillerol

Vie-s-Cère

Nord

4K

Comblat

Cère R.

Sud

Polminhac (H. Fabre)

Polminhac Station

Ruisseau

4K

Yolet ---- Yolet

Giou de Mamou

Ruisseau

Aurillac 12K

Cère R.

Descente

Montées continues

Col ...

Col ...

Descente ... Dur ensuite

Montées Dure

CHAPITRE XIV

De Vic à Neussargues

SOMMAIRE

Montée du Lioran. — Halte à Thiézac. — Gorges de la Cère. La voie ferrée. — Arrivée au Lioran. — Le Lioran au point de vue géologique. — Le Tunnel. — Descente sur Murat. — Vue du Plomb du Cantal. — Saint-Flour, origine. — Viaduc de Garabit. — Retour vers Saint-Flour. — En route pour Neussargues. — Un paysan et son chien.

A Vic commence la véritable montée du Cantal. Jusqu'au Lioran la pente est dure, continue, parfois très pénible. A 6 heures et demie du matin, j'étais à Thiézac (7 k.), où l'on arrive par une petite descente ; je m'arrête quelques instants sur la gauche, au milieu du village. J'ai failli voir se renouveler la scène que j'ai eue avec un aubergiste de Saint-Germé, près Tarbes. J'entre dans un établissement où j'avais vu écrit sur la porte le nom pompeux d'hôtel ; je frappe, et au bout de cinq minutes, une grosse paysanne arrive, me parle un langage que je comprends à peine et finit par me dire qu'elle ne savait quoi me donner. Pensez si cette réponse était de nature à me satisfaire, moi qui était parti à jeun de Vic et qui n'avais rien à me mettre sous la dent avant d'attaquer cette rude montée du Cantal. A force d'insister, la brave femme finit par découvrir dans une huche un morceau de jambon que je mangeai de fort bon appétit avec du pain bis, le tout arrosé d'un rouget piquant très agréable à boire. Voilà, me disai-je, un procédé, une manière de recevoir le touriste qui n'est pas fait pour achalander l'établissement. Voyez-vous d'ici un restaurateur de la ville venant vous informer avec candeur et naïveté que son office est vide ; mais il préférerait vous empoisonner cent fois plutôt que de faire un pareil aveu.

Je quitte Thiézac vers 7 heures ; la vallée se resserre de plus en plus : à mesure que j'avance, le paysage change, la nature apparait avec ses sites horribles et grandioses. Des montagnes à pic se succèdent les unes aux autres comme une armée de géants et lèvent vers le ciel leur sommets tout fracassés. Les versants, encombrés de débris, se montrent remplis de hideuses crevasses ou bien étalent des parois escarpées garnies d'une mousse jaune qui s'attache à la pierre comme une lèpre. Quelques rochers échoués piteusement au fond du ravin encombrent le lit du torrent; d'autres avancent au-dessus de moi leurs têtes anguleuses, laissant pendre comme une chevelure les paquets de ronce et les fougères poussant dans les creux. Parfois une muraille perpendiculaire se dresse à mes côtés; sa surface, fendillée, noire et toute humide des suintements qui filtrent à travers la pierre ressemble à une large plaie encore toute saignante, collée aux escarpements de la vallée. La route s'élève à travers ce défilé, dont elle suit capricieusement les détours ; en plusieurs endroits, on a dû faire jouer la mine pour construire la chaussée, tandis que plus loin elle passe sur un pont hardiment jeté au-dessus d'un ravin où coulent les eaux descendues des hauteurs; d'autre fois j'ai à ma droite des parapets surplombant des précipices effrayants au fond desquels la Cère gronde comme un tonnerre.

VALLÉE DE LA CÈRE

A un certain moment, la pente devient très dure; aussi, je mets pied à terre et pousse ma bicyclette pendant quelques centaines de mètres. Avant de monter en selle, je m'arrête pour regarder par dessus le talus; les eaux bouillonnent avec violence dans un gouffre où tout respire le deuil et l'effroi; le roc, nu, stérile, s'abaisse brusquement et disparait dans les profondeurs de l'abime qui attire et fascine; une poussière d'argent, des nuages d'écume se soulèvent parfois au-dessus des tourbillons invisibles, montent lentement comme un nuage de fumée ou se dispersent et se condensent avant d'être sorti de cette gorge étroite.

De l'autre côté du ravin, on voit la ligne du chemin de fer qui n'est qu'une suite ininterrompue de travaux d'art: ponts, viaducs, tunnels, remblais... Les convois montent péniblement cette pente roide ; les locomotives s'époumonnent pour les conduire jusqu'au Lioran, et on devine pour ainsi dire le puissant effort que développent les machines pour avancer et traîner derrière ces attelages fortement tendus.

J'arrive à Saint-Jacques-des-Blatz (9 k.); vingt minutes après, j'étais au Lioran (4 k.). Il est prudent de prendre un peu de repos avant de s'engager sous la montagne où il fait très frais; car, la rude montée que l'on vient de faire provoque toujours une légère transpiration qu'il faut laisser disparaître. A gauche, se trouve la maison d'un cantonnier où l'on peut entrer quelques instants.

Je profite de cet arrêt pour examiner une dernière fois la belle vallée que je suivais depuis Aurillac. A cet endroit, le site est admirable. La Cère n'est encore qu'un petit ruisseau qui descend d'un ravin; elle tombe de cascades en cascades dans une fente étroite; les eaux bondissent sur les rochers en produisant de larges raies d'écume, s'engagent dans un corridor obscur et disparaissent rapidement. Trente mètres plus bas, la ligne de fer passe sur un viaduc, puis vient s'engouffrer dans un tunnel qui traverse la montagne. La perspective fuit à l'horizon entre les collines élevées, laissant voir confusément à travers la brume matinale, le paysage grandiose qui s'étend au-dessous de moi. Je ne puis malheureusement voir le Plomb du Cantal et le Puy-Grion; d'épais nuages traînent sur les flancs des deux cimes et me les masquent complètement. La crête du Lioran qui s'étend entre le Plomb et le Puy-Marie n'est même plus visible. J'aperçois à la base une excavation blanchâtre creusée d'une ouverture noire, béante. C'est l'entrée du tunnel que je dois traverser.

***

D'après les géologues, le Lioran serait sur l'emplacement de la cheminée volcanique d'où est sortie l'énorme masse de basalte qui recouvre une partie du département du Cantal. Si l'homme a été témoin de cet épouvantable cataclysme, il a contemplé un des plus sublimes spectacles que puissent voir des yeux humains. Une montagne de près de 3,000 mètres s'élevait au centre du massif; à la base s'étendait une plaine bordée de tous côtés par de gigantesques falaises granitiques. A l'endroit occupé aujourd'hui par Aurillac se trouvait un grand lac d'eau douce; une puissante végétation, de vastes forêts, couvraient les pentes du cône volcanique. Deux éruptions successives se sont produites et ont transformé cette contrée en un lieu de désolation; la première, à la fin de l'époque tertiaire, la seconde, à la période quaternaire. La roche liquide, poussée des profondeurs de la terre par une force irrésistible remplit le cratère, large de plusieurs kilomètres; ébrécha en plusieurs endroits les bords de l'immense excavation et s'étendit lentement sur les flancs de la montagne. La matière en fusion fut si abondante qu'elle couvrit un espace de plus de 150 kilomètres de tour; elle ne s'est pas répartie uniformément, car l'ondée souterraine s'est parfois figée en sortant, tandis qu'à un autre moment, la fluidité de la lave a permis aux coulées de s'avancer beaucoup plus loin, laissant entre elles des gorges escarpées qui ont été l'origine des vallées actuelles.

Plus tard, la roche s'est refroidie ; les violences du feu central ont diminué d'intensité ; la masse incandescente se retira dans les entrailles de la terre pour ne plus reparaître ; le climat subit un brusque changement et l'abaissement de température provoqua des précipitations neigeuses qui couvrirent le volcan. Des glaciers, beaucoup plus développés que ceux existant actuellement dans les Alpes se sont fixés sur le massif, ont disloqué et détruit en partie le cône d'éruption. Des torrents impétueux ont achevé l'œuvre de destruction commencée par les glaciers, élargissant les vallées déjà formées ou en creusant de nouvelles. A certains endroits, dans les profondeurs des ravins, on voit le basalte reposer sur des lits de galets, de cailloux, ou bien sur les couches de houille, les lignites provenant de la calcination des forêts qui ont été embrasées et ensevelies par la lave.

Les deux vallées de la Cère et de l'Alagnon sont dans le prolongement l'une de l'autre ; cette conformation géologique a facilité la percée du Lioran. Deux ouvertures ont été pratiquées : l'une pour le chemin de fer, l'autre au-dessus, pour la route.

La montagne est couverte de quelques forêts de sapins et de pâturages. Pendant six mois de l'année, elle disparaît sous un manteau de neige.

Parfois des ouragans terribles en rendent le séjour dangereux. Ce n'est qu'à la fin de mai que s'installent les nombreux « burons » ou vacheries qui y séjournent jusqu'aux premiers froids. C'est là que se fabrique en partie l'immense quantité de fromage vendu sous le nom de fromage d'Auvergne.

Cette constitution géologique donne au département du Cantal une physionomie spéciale ; le sol est riche, fertile dans les vallées, médiocre, aride, souvent inculte sur les plateaux où pousse le châtaignier.

***

TUNNEL DU LIORAN

Je m'engage sous le tunnel. A l'entrée se trouve deux demi-portes vitrées qui se complètent : c'est-à-dire l'une est à droite et l'autre à gauche, trente mètres plus loin. Ces portes ont pour effet de briser les coups de vent, les courants d'air qui pourraient s'engouffrer dans la galerie souterraine pendant les tempêtes. Tout au fond apparaît une petite tache blanche, à peine visible, large comme une pièce de cent sous : c'est la sortie du tunnel. Une douzaine de lampes fumeuses accrochées aux parois répandent une lumière incertaine, tout à fait insuffisante, car dans l'intervalle qui les sépare, on ne voit absolument rien. Par prudence, je vais à pied et conduis mon instrument à la main. Les moindres chocs prennent une intensité extraordinaire. Je fais environ deux cents mètres que je crois entendre au loin un escadron de cavalerie; par suite de l'obscurité, la notion des distances vous échappe ; aussi je ne puis deviner à quel endroit se trouve la cause du bruit. Bientôt, cependant, je vis se détacher, sur l'ouverture encore éloignée du tunnel, une ombre qui se soulève à des intervalles réguliers ; je devine là un cavalier et sa monture; en effet, quelques minutes après, je vis passer à mes côtés un paysan monté sur son cheval lancé au petit trot.

Bien que l'éclairage soit par trop rudimentaire, les rencontres ne sont guère possibles, si on observe scrupuleusement les règles du roulage; car il suffit de tenir constamment la droite lorsqu'on entend venir quelqu'un devant soi ; si la personne qui s'avance prend les mêmes précautions, on passe l'un à côté de l'autre sans se toucher et quelquefois même sans se voir.

La rencontre la plus désagréable que l'on puisse faire est celle d'un troupeau de bœufs. Un de mes amis, traversant la montagne, s'est trouvé dans une situation assez embarrassante. A peine avait-il fait quelques mètres qu'il entendit au loin un bruit sourd continu ; des beuglements réitérés lui annoncent qu'il avait devant lui des bêtes à cornes ; il revint prudemment sur ses pas pour attendre que le troupeau fût passé.

***

Le tunnel a 1410 mètres de longueur; il faut bien 10 à 12 minutes pour le parcourir. L'extrémité Est débouche dans la vallée de l'Alagnon.

Le paysage change aussitôt d'aspect. Du côté de la Cère, les pâturages dominent; ici, je vois de tous côtés des forêts de sapin qui s'élèvent le long des pentes et couvrent de leur manteau sombre les hautes collines qui bordent le ravin; les rochers deviennent rares où disparaissent sous une couche de gazon; la nature se montre riante, prend des formes adoucies qui flattent l'œil. L'Alagnon coule tumultueusement à mes côtés, il reste torrentiel sur une grande partie de son parcours, car son régime devient régulier vers Massiac seulement, à 40 k. du Lioran.

***

La descente après le tunnel est rapide; il est fâcheux que le sol ne soit pas très bon de ce côté, par suite des rugosités du terrain, des trous et des bosses que l'on rencontre à chaque instant; il faut aller doucement, si on veut ménager son instrument. De l'autre côté du torrent, on voit la ligne ferrée qui descend moins vite que la route et paraît très élevée. Comme dans la vallée de la Cère, les ingénieurs ont dû exécuter de nombreux travaux d'art pour soutenir la voie.

Je traverse plusieurs petits villages. Fraise-Haute, Laveyssière, Fraise-Basse, et j'arrive à Murat (12 k. du Lioran), petite ville située au confluent du Bourmentel et de l'Alagnon à la base du rocher escarpé de Bonnevie, très curieux avec ses nombreux étages de colonnes prismatiques. La ville est mal bâtie, mal percée, mais très pittoresque. Sur le rocher de Bonnevie, on voit les restes d'un vieux château que sa position rendait imprenable ; à côté se trouve une statue colossale de la Vierge.

MURAT

Je ne fais que traverser Murat où j'étais à neuf heures environ et je prends la direction de Saint-Flour. A la sortie de la ville, je passe sur l'Alagnon, un peu plus loin le Lagnon, ruisseau qui vient de la base du Plomb du Cantal. Aussitôt après, se présente une longue côte de 5 kilomètres que je gravis à pied. La vue sur Murat et ses environs devient très belle et on n'a pas à regretter cette rude montée. Aussi, je m'arrête une minute pour contempler le délicieux panorama se présentant à mes yeux. Le brouillard étendu sur la montagne se dissipe peu à peu et j'aperçois quelques cimes du massif; bientôt les lambeaux de nuage qui traînent à mi-côte et les amas de vapeurs condensées sur les sommets fondent ou s'écartent pour laisser voir le Plomb du Cantal qui montre dans le ciel bleu sa croupe arrondie, encore toute frémissante des premières caresses du soleil du matin. Derrière la ville, j'aperçois la vallée de la Dienne, très curieuse à visiter. De hardis cyclistes l'ont déjà parcourue et ont pu atteindre Salers en passant par le Puy Mary à 1,700 mètres d'altitude.

SAINT-FLOUR

Jusqu'à Saint-Flour, le trajet est peu intéressant; on roule sur un large plateau élevé de 900 à 1000 mètres formé d'une puissante masse de lave qui s'est étendue uniformément un peu au delà de cette ville. Le sol est assez bien cultivé, le seigle croît en abondance, c'est pourquoi on a donné à cette région le nom de « grenier de l'Auvergne. » La route est excellente pendant 15 kilomètres. Je traverse Ussel (8 k.), Luc (4 k.) par une longue descente, j'atteins Roffiac (5 k.) où je franchis une petite vallée, une nouvelle montée me ramène sur les hauteurs et à dix heures et demie j'arrivais à Saint-Flour (5 k.).

*
* *

Saint-Flour est une ville ancienne, curieuse, pittoresquement située sur le rebord de la Planèze. Excepté du côté de Murat, elle est enveloppée de vallées profondes. On y remarque une cathédrale bâtie au XIVe siècle, sur l'ancien oratoire de Saint-Flour. Ce saint, l'un des 60 disciples de Jésus-Christ, ou bien premier évêque de Lodève, allant prêcher l'Evangile dans l'Arvern, s'arrêta sur la montagne que couronne la ville. Le rocher se fendit, dit-on, pour livrer passage au saint prédicateur et, suivant la légende, il a conservé l'empreinte de sa main. La cathédrale est un édifice lourd, massif, flanquée de deux tours carrées.

En face l'hôtel de l'Europe, où je descendais, est une vaste promenade d'où l'on a une très jolie vue.

A une heure, je quitte cette ville pour me rendre à Garabit ; je ne pouvais pas évidemment passer à côté de ce magnifique ouvrage d'art sans aller le voir. Par une rapide descente de 1,500 mètres je gagne la base du coteau ; le long des rochers on voit de belles colonnes prismatiques de basalte semblables à celles que j'avais aperçues vers Murat.

Jusqu'à Garabit (14 kil.), le terrain est accidenté; de plus, le sol est médiocre, parsemé de cailloux qui s'écrasent difficilement.

***

J'arrive à la vallée de la Truyère, profondément encaissée entre deux plateaux dont les bords tombent à pic jusqu'à la rivière même ; c'est un exemple remarquable des ravinements produits par les eaux courantes, car cette vallée, comme celles du Tarn, de la Dourbie, est due à une suite de phénomènes d'érosion.

VIADUC DE GARABIT

On descend jusqu'au fond de cet étroit ravin, par une pente rapide, avec tournants brusques, que l'on doit franchir avec précaution. Tout à l'heure, je dominais la voie ferrée, maintenant elle est à cent mètres au-dessus de moi.

Le viaduc de Garabit est tout d'abord masqué par un monticule; il faut arriver à mi-côte pour en découvrir une extrémité. Un peu plus bas on l'aperçoit entièrement. Sa longueur est 526 mètres, il est formé de six travées soutenues par des pylones en fer, fixés sur des piles en maçonnerie.

L'une des travées repose sur une arche de 165 mètres d'ouverture. Cette arche immense n'est pas au milieu, par suite de la conformation de la vallée ; elle est plus rapprochée du côté de Saint-Flour.

Vu à distance, au milieu de ce site sauvage, le viaduc produit un effet saisissant ; il plane au dessus de la vallée et semble reposer à peine sur les piles élégantes qui s'élèvent majestueusement au dessus des rochers qui leur servent d'appui. La grande travée du milieu paraît d'une extrême légèreté, et l'on se demande avec inquiétude comment elle ne fléchit pas sous le poids des lourds convois qui passent dessus.

Pour achever de se rendre compte des dimensions de l'ouvrage, il est bon de descendre jusqu'à la Truyère, de quitter la route et d'aller sous le tablier qui est à 122 mètres au-dessus des eaux. Je suis resté près d'une demi-heure devant ce colossal viaduc, qui produit une impression plus profonde, plus étrange certainement que la tour de 300 mètres. Il est vrai que le décor s'y prête admirablement, car toutes ces collines à pic recouvertes d'ajoncs et de bruyères, ces rochers aux formes aiguës qui s'avancent et pendent sur le ravin, ces masses sombres de basalte qui montrent leur dos tout noir, arrondi sur le bord du plateau encadrent merveilleusement cette gigantesque ossature de fer. Dans le fond, la rivière coule sur un sol rouge sableux, encombré de galets ; un peu de terre végétale, des alluvions entraînées pendant les crues couvrent ce fond rocailleux ; aussi, l'herbe y pousse suffisamment pour former quelques pâturages, tandis que des vergnes, des roseaux croissent le long du cours d'eau ou dans les cavités nombreuses que les inondations ont creusées dans la prairie.

***

Vers quatre heures, je gravis la longue côte par où j'étais descendu; la pente est très rapide, aussi, je m'arrête fréquemment pour prendre quelque repos et surtout pour jeter un dernier coup d'œil sur le viaduc qui disparaît peu à peu et cette belle vallée de la Truyère que je vois s'enfoncer vers l'Ouest entre deux collines de rochers.

Le plateau est curieux à parcourir jusqu'à Saint-Flour, j'ai pris du reste tous mes loisirs pour l'examiner avec attention. Le paysage devenait extrêmement intéressant lorsque, m'élevant sur une éminence, je pouvais dominer toute cette contrée volcanique si étrange d'aspect et si remarquable par sa conformation géologique.

Sur ma droite, je vois une série d'ondulations qui s'étendent jusqu'aux monts de la Margeride, formant une vaste ceinture de rochers tout couverts de forêts; à gauche, les monts du Cantal avec leurs sommets grisâtres offrant à cette distance un profil régulier qui s'abaisse peu à peu vers le Sud pour se confondre bientôt avec l'horizon. Le regard se promène sur ce terrain tourmenté, élevé de 1,000 mètres, où l'on découvre en maints endroits la trace des phénomènes ignés qui ont bouleversé la région. La roche tordue par l'action du feu s'est figée parfois dans les positions les plus bizarres que les éléments ont respectées; d'autrefois le basalte a subi l'action corrosive de la pluie, du vent et de la gelée; il s'est fendu, disloqué en blocs énormes qui restent à moitié enfouis dans le sol ou accrochés le long des pentes. Ces débris apparaissent au milieu des champs cultivés, des alluvions qui garnissent le fond des ravins, comme témoins indiscutables des violences et de l'étendue des éruptions anciennes.

La végétation pousse même avec peine dans ce terrain qui semble encore tout calciné. Sur les hauteurs, sur les excroissances rugueuses du plateau formées de pierres noircies ou de roches couleur de cendre, une herbe chétive croît péniblement, prend une teinte roussie comme si quelque vent brûlant avait desséché la surface.

Devant moi, Saint-Flour, perché sur la crête de la terrasse que j'avais parcourue la veille, apparaît comme un décor d'opéra. Ses maisons s'avancent sur le bord du précipice et semblent regarder dans la vallée profonde qui est au-dessous. Leurs silhouettes bizarres se détachent avec une netteté parfaite sur le fond du ciel. Derrière, le soleil baissait peu à peu, jetait ses derniers rayons sur la ville, l'enveloppait d'une lueur rouge, d'une teinte de feu, si bien qu'elle semblait embrasée par quelque immense incendie. C'est certainement un des spectacles les plus curieux que j'ai vus dans le cours de mon voyage.

Je m'arrête quelques minutes à Saint-Flour et prends le chemin conduisant directement à Neussargues ; mais quel chemin épouvantable, mauvais, pierreux, tout en montées et en descentes. J'aurais pu revenir par Murat pour avoir un sol meilleur, mais je me serais allongé d'une quinzaine de kilomètres.

Je traverse une petite bourgade, Thiézelat, et peu après j'arrive sur le bord du haut plateau où j'étais monté hier en venant du Lioran. La vallée de l'Alagnon étend au-dessous de moi ses moissons dorées et ses prairies ; sur l'autre versant se montrent encore de sombres rochers et quelques bois de sapins. Une descente de 4 kilomètres, rapide, caillouteuse, me conduit aux approches de Neussargues ; j'ai rencontré là un vélophobe enragé, dont la méchanceté n'avait d'égale que l'idiotie.

J'allais à une assez faible allure, quand j'aperçois à quelques mètres un chien aboyant avec fureur et s'avançant à ma rencontre. Je criais énergiquement pour faire écarter l'animal, qui s'éloigne en grognant. Au même instant, un paysan assis sur le bord du fossé se lève, m'interpelle vivement et me reproche en termes peu parlementaires d'avoir « insulté » son chien. Stupéfait d'une pareille prétention, je m'arrête pour essayer d'expliquer à cet homme qu'une bête hargneuse sur une route si mauvaise pouvait occasionner un accident sérieux. Le paysan irascible ne veut rien entendre, et prétend que le chemin est à tout le « monde », que je n'ai pas le droit de chasser sa bête et qu'il m'est interdit de l'empêcher d'aboyer. Devant un raisonnement aussi grotesque, toute discussion devient impossible, il ne me reste plus qu'à m'éloigner ; seulement, avant de monter en selle, je recommande expressément à cette brute de tenir son animal, et j'ajoute que si celui-ci vient à ma poursuite, je saurai m'en débarrasser. Il comprend : « Si vous le touchez, dit-il, je vous f... un coup de fusil. » Je ne dis rien et pars tranquillement ; je n'ai plus été inquiété, et c'est heureux, car si j'avais entendu aboyer derrière moi je n'aurais pas hésité à user de mon revolver, tellement j'étais furieux de la méchanceté et de la stupidité de ce sauvage paysan.

On prétend que le chien est l'ami de l'homme ; dans tous les cas, il est certain que le vélocipédiste ne lui est pas sympathique. Les trois quarts du temps, un coup de voix énergique suffit pour faire écarter l'animal qui vous poursuit ; d'autrefois la cravache est nécessaire.

On ne doit employer le revolver que dans des cas tout à fait spéciaux.

Je me souviens avoir été une fois dans une position assez critique pendant un voyage que je faisais de Chartres à Poitiers. Vers la Celle-Saint-Avant, trois énormes chiens sortent d'une ferme et courent après moi ; je prends ma cravache et me défends comme je puis. Ce moyen devient bientôt insuffisant, car les bêtes me pressent de très près et menacent à chaque instant de me prendre la jambe ; enfin, dans un court moment de répit, je puis saisir mon arme, et j'avoue que c'est avec une véritable satisfaction que je tirai dans le tas. Un « *cahulement* » douloureux se fait entendre et le trio s'enfuit rapidement ; la blessure que j'avais faite ne pouvait être dangereuse, car j'avais tiré avec du petit plomb.

Vous croyez peut-être que les propriétaires des chiens se soient tout d'abord émus de cette poursuite ; je suis persuadé qu'ils en riaient, car je les voyais sur le pas de leur porte regarder de mon côté.

On doit constater cependant que ces faits deviennent assez rares. Du reste, il n'arriverait jamais d'accident, il ne se produirait jamais aucun froissement entre les vélocipédistes et le public si on savait faire des concessions mutuelles de part et d'autre.

Ce qu'il faut éviter à tout prix, c'est de tirer sans raison sur un animal qui jappe mollement et que l'on est à peu près certain d'écarter d'un coup de voix. Quelques vélocipédistes ne prennent peut-être pas assez de précautions; il ne faut pas oublier cependant qu'une imprudence peut indisposer contre nous une foule de gens qui ne pratiquent pas le sport vélocipédique.

A six heures j'arrive à Neussargues, où je dîne et couche dans une petite auberge placée sur le bord de la route.

TOTAL DE LA QUATORZIÈME JOURNÉE

Vic à Saint-Flour	54 k.
Saint-Flour, Garabit, Neussargues. .	49 »
Total	103 k.

L'itinéraire commence à la dernière carte du précédent chapitre. La carte Murat-Saint-Flour se raccorde au milieu de la carte suivante: dans cette dernière aller de Saint-Flour à Garabit et remonter de Garabit à Saint-Flour et Pierrefite.

Ussel à 8K
Murat (H Dolly)
(alt. 840)
5K
Laveyssiere
(alt. 940)
7K
Lioran alt (1150)
Tunnel de fer
Tunnel Route
4K
St Jacques
alt. 1000
Thiezac 9K
Descente très rapide
Monts assez durs
Monts très durs
R. Neussargues
R. de Dienne
R. St Flour
Murat
Fraisse Basse
Garabit 38K de Murat
Laveyssiere
Fraisse Haute
Alagnon R
Ligne d'Arvant
Albepierre
Plomb du Cantal
(1850)
Lioran (station)
Tunnel
Nord
St Jacques de Blats
Sud
Cere

Garabit 14

St Flour (H de l'Europe)

8K

Roffiac (alt. 815)

8K

Luc

4K

Ussel

Murat 8K

Montée

Descente très rapide

Sol excellent

Montée très dure

R. Mende

Ruisseau

R. Massiac

St Flour

R. Neussargues

Ruisseau

Neussargues

Roffiac

Sud

Rivet

Coltines

Nord

Luc

Ruisseau

Ussel

Bénac

Valuéjols

alt. 1056

Alagnon R.

R. Neussargues

Alagnonette

Bredon

Talizato 3K

Pierrefite

3K

Pagros

7K

St Flour
(H. Europe)

7K

Le Pinou

7K

Garabit alt. 700

Pierrefite

Pagros

Coren

Mentieres

R. Massiac

Issoire 41
Massiac 17
Neussargues 21
de St Flour

Ruisseau

Ch. de fer

R. Murat

St Flour

Ch. de fer

Ruisseau

Nord

St Georges

l'Elang R.

Le Pinou

R Ruines

Viaduc Garabit

Anglards

Truyère R

Sud

CHAPITRE XV

De Neussargues à Issoire

SOMMAIRE

Vallée de l'Alagnon. — Massiac. — Lempdes. — Issoire. — Clermont (par chemin de fer.)

Le lendemain, je quitte Neussargues, et m'engage dans la vallée de l'Alagnon qui est certainement aussi belle que celle de la Cère. Ce n'est plus le paysage grandiose de la montagne ; la pensée n'est plus absorbée par la vue de bosselures énormes, de croupes monstrueuses qui s'accumulent et s'entassent autour de vous ; on peut maintenant apprécier les hauteurs, mesurer les distances sans crainte de se tromper. Les collines élevées de 300 ou 400 mètres à peine, offrent un profil plus régulier. La vallée, cependant, est très pittoresque, car elle présente des sinuosités sans nombre, des inflexions brusques qui se suivent et se succèdent rapidement. On voit à peine à 500 mètres devant soi ; chaque détour révèle un site différent, une perspective nouvelle. On néglige l'ensemble du paysage pour mieux scruter les détails.

Le flanc des collines est fortement boisé. Les arbres, il est vrai, n'atteignent pas les dimensions qu'on leur voit sur les plateaux ou dans les belles forêts du massif pyrénéen ; mais il s'en trouve partout ; pas un pan du coteau qui ne soit garni de feuillage ; les chênes, les hêtres, l'érable poussent à profusion, de tous côtés ; leurs racines noueuses, tenaces, s'enfoncent entre les fentes du roc qu'elles soulèvent ou font éclater ; elles courent à la surface des parois arides, se tordent dans les replis et trouvent malgré tout une fissure, une cavité où elles vont se fixer.

Dans la moindre excavation de rocher, là où il existe un peu de terre, de gravier, croît un arbuste ; les fougères remplissent les vides, s'étalent dans les éclaircies de façon à cacher la nudité de la roche ; des mousses s'étendent par plaques noires, sur la pierre humide ou pendent sur la paroi en filaments visqueux, le long desquels coulent de petits filets d'eau. Le torrent même est envahi par cette abondante végétation ; ses rives sont garnies d'arbres qui s'étagent les uns au-dessus des autres et forment une voûte épaisse que traversent difficilement les rayons du soleil. L'Alagnon reste toujours impétueux sur son parcours ; il rappelle par ses violences les gaves qui descendent des Pyrénées.

Tantôt il s'étale au fond de la vallée sur une large surface, forme un bassin où l'on voit les eaux peu profondes couler sur un fond rocailleux ; tantôt il se précipite dans une allée obscure, filant rapidement, d'une seule masse, entre deux murs verticaux ; plus loin, des blocs amoncelés dans un étranglement de son lit inégal forment un barrage qu'il franchit sans peine ; il se précipite de là dans un gouffre, bouillonne et gronde dans les cavernes qu'il s'est creusées à la longue sous le rocher ; une écume blanchâtre, souvent salie par la terre, les débris qu'il arrache et entraîne à chaque instant, se montre dans les remous, tandis qu'une poussière fine, humide, s'élève de ces tourbillons mouvants qui changent constamment de forme et de direction.

La route, malheureusement, n'est pas très belle ; de distance en distance, des plaques de cailloux non écrasés vous forcent à ralentir à chaque instant et font tressauter désagréablement lorsqu'on passe dessus.

Vers Molompize, les collines s'écartent et on voit apparaître des champs cultivés ; la pente s'adoucit peu à peu, le torrent perd de son impétuosité. J'arrive à Massiac, bourg de 2,000 habitants, construit au confluent de l'Alagnon et de l'Alagnonnette ; c'était autrefois une ville fortifiée. On y voit les ruines d'un ancien château et quelques pans de vieilles murailles. Sur la colline qui surplombe les maisons est une tour basaltique formée de plusieurs étages en retrait les uns sur les autres et offrant un aspect bizarre. C'est à Massiac que vient aboutir la route directe de Saint-Flour.

Jusqu'à Lempdes le sol est délicieux ; la vallée change un peu d'aspect, mais reste toujours pittoresque. A partir de ce village, le charme est rompu, je trouve la plaine, la triste plaine, ennuyeuse, monotone. Je roule sur une poussière de lave couleur grise, recouvrant des cailloux pointus qu'on ne voit pas mais qu'on ressent bien.

Pour éviter quelques côtes, je prends à un kilomètre de Lempdes un chemin passant par le Charbonnier (3 k.), le Breuil (7 k.). Un peu plus loin, 3 k., je rejoins la route nationale que j'avais quittée un moment auparavant. Le sol est, paraît-il, meilleur ; je me demande ce que doit être celui de la grande route, car après le Charbonnier, je n'ai jamais failli sortir des nombreuses ornières qui agrémentent le parcours.

J'arrive enfin à Issoire (5 k.) couvert de poussière et fatigué d'un soleil de plomb que j'avais eu à supporter depuis deux heures. C'est avec une visible satisfaction que je descends à l'hôtel de la Poste, où je demande une chambre pour me rafraîchir le visage.

Issoire fut, dit-on, érigée en cité par Bituil, roi des Arvernes ; elle eut une école célèbre sous la domination romaine.

Je rencontre dans cette ville un vélocipédiste émérite, M. Anglaret, qui avait eu l'obligeance de me donner des renseignements sur l'Auvergne. Je reste quelque temps avec lui, peu disposé à monter en machine, car la chaleur est réellement trop intense ; en outre, j'apprends que la route de Clermont est exécrable.

Le surlendemain, dimanche, le grand-duc Alexis était à Vichy. Plusieurs vélocipédistes d'Issoire devaient se joindre à ceux de Clermont pour aller voir Sa Majesté russe. M. Anglaret m'engageait même à l'accompagner ; je le remerciai de son offre gracieuse et cela pour deux raisons : la première, c'est que j'étais attendu chez moi le dimanche ; la seconde, c'est que Vichy était littéralement envahi par une foule d'étrangers et que je craignais de ne pouvoir trouver à me loger.

Je quitte mon aimable compagnon à 4 heures pour aller prendre le train de Clermont.

J'arrive à 5 heures dans la capitale du Puy-de-Dôme. Clermont est une ville intéressante par sa physionomie et les curiosités qu'elle renferme : la cathédrale, monument historique, l'église des Carmes, le jardin Lecoq, en amphithéâtre au sud de la ville, les Facultés. De la place Jaude, entre l'échancrure qui sépare les deux mamelons, sur laquelle repose Royat, se montre le dos sombre du Puy-de-Dôme qui est souvent caché par les nuages.

Je prends sur cette place le tramway électrique qui monte à Royat, ville élégante, entourée de sites charmants ; c'est par là qu'on escalade la crête du plateau sur lequel repose les Monts-Dômes. On ne doit pas omettre d'aller voir la curieuse fontaine de Sainte-Allyre qui se trouve au voisinage de la ville. La salle où se font les pétrifications est disposée comme il suit : une série de gradins en bois sont appuyés sur deux longues échelles inclinées en pente douce. L'eau est conduite par deux tuyaux au sommet de l'échelle et retombe lentement de gradins en gradins. Les objets qui sont soumis à l'action de l'eau se recouvrent peu à peu d'une couche blanche de carbonate de chaux.

TOTAL DE LA QUINZIÈME JOURNÉE

Neussargues à Issoire.	65 k.
Issoire à Clermont (par le train). .	30 k.
Total	95 k.

L'itinéraire routier finit à Issoire et recommence à Limoges au chapitre suivant.

La Roche
Auroux (hameau)
Massiac 7 K
Molompize
Molompize
Salagnon
9 K
Peyrous
R. Clermont
Ligne d'Arvant
Ferrière
Ferrières
Nord
10 K
Salagnon R.
d'Aubrac
Jourssac
R. d'Allanche
Sud
R. Murat
Salagnon
Ligne de Mende
Talizat
Neussargues
Neussargues
Talizat 8 K
Descente rapide

Charbonnier 4 Ks
Lempdes (H. Douarre)
Chambezono
Lempdes
8 K
Lamau (hameau)
Torsiac
o Léotoing
Lamau
7 K s
Rde Blesle
Station
Station
2 K s
Grenier Montgeon
Grenier
R. Brioude
4 K s
Massiac (H Gilbert)
Massiac
Molompize 1 K
R. St Flour
Nord
Sud
Allagnon R
Sol excellent Descente très douce

Clermont 34K

Issoire (H. de la Poste)

6 KS

Bifurcation route natle et route du Charbonnier

3K

Le Breuil

7 K

Charbonnier

Lempdes 4,8

Sol mauvais, caillouteux

Nord

Sud

R. Clermont

Issoire

R. du Puy

R. Mont Dore

Route Clermont

Allier R

Le Broë

o Nonette

Allier R

Le Breuil

St Germain de Lembron (H. Boringer)

Ch. fer Brioude

Auz

Beaulieu

R. N. de de Clermont

Alagnon R.

Charbonnier

Moriat

CHAPITRE XVI

De Clermont à Chauvigny

SOMMAIRE

Vue sur Clermont. — Royat. — Volvic. — Les Monts-Dômes. — Traversée de la Corrèze. — Vallée de la Vienne. — Limoges. — La ville. — Les monuments. — Rue des Bouchers. — En route pour le Dorat. — Montmorillon. — L'Isle Jourdain. — Lussac. — Civeaux. — Chauvigny

Le lendemain, je vais à la gare prendre le train qui doit me conduire à Limoges. La ligne décrit un vaste circuit en sortant de la ville pour

CLERMONT

atteindre Royat où on s'arrête quelques minutes; de cette station, l'aspect de Clermont est pittoresque, les toits rouges, peu inclinés forment des terrasses au pied des clochers qui dominent la ville; les cheminées d'usines jettent leurs panaches de fumée que le vent emporte en noirs tourbillons et dissipe au loin; la vue s'étend au-delà, sur la belle et riche vallée de l'Allier, encore couverte de ses récoltes.

ROYAT

Après Royat, la voie ferrée monte constamment jusqu'à Laqueuille qui est à mille mètres d'altitude; elle laisse à droite Volvic, remarquable par ses belles carrières de pierre. Sur la gauche la chaîne des Monts-Dômes apparaît confusément; ils forment une série de cônes plus ou moins parfaits qui se dressent à l'horizon sur une étendue de plus de 30 kilomètres. C'étaient autrefois des volcans qui ont déversé des torrents de lave sur la contrée. A Pongibaud, la ligne pénètre dans la vallée de la Sioule; cette rivière, à certains endroits, a été barrée par les coulées de basalte qui se sont avancées jusqu'à son lit.

Dans la Corrèze, le paysage se modifie, le chemin de fer file dans d'étroits ravins qui changent de direction à chaque instant. La contrée paraît pauvre ; le sol misérable, pierreux, laisse à peine pousser quelques bruyères. Après Ussel, la voie ferrée s'engage dans la vallée de la Vienne, qu'elle ne quitte plus jusqu'au chef-lieu de la Haute-Vienne.

LIMOGES

Limoges est une ville toute noire, remplie d'usines, d'un aspect un peu sévère avec ses maisons en granit. C'était autrefois une cité malsaine, mal percée de rues tortueuses, étroites, humides, où la lumière pénétrait avec peine ; les maisons toutes en bois étaient basses, sombres, peu aérées, couvertes de tuiles rondes. Une métamorphose complète s'est opérée depuis quelques années ; on a ouvert de larges boulevards, de belles avenues, créé quelques promenades. Il existe cependant encore une partie du vieux

Limoges sur le bord de la Vienne ; les rues y sont en pentes roides, glissantes ; dans l'une d'elles se trouve la maison où est né Jourdan. De vieux ponts massifs, en dos d'âne, aux arches petites, à demi-ruinées,. réunissent les deux rives ; l'herbe croît entre les fentes de la pierre, les mousses s'étalent sur cette maçonnerie antique qui semble tenir à peine ; elle a pourtant résisté aux crues, a soutenu sans faiblir les assauts répétés du courant qui devient très rapide par les hautes eaux. L'un de ces ponts a disparu ; on en a construit un autre à la place, plus élevé, plus élégant à l'extrémité d'une belle avenue qui vient de la place de l'Hôtel-de-Ville.

Limoges offre des curiosités dignes d'intérêt. La cathédrale Saint-Etienne, tout en granit, bâtie sur l'emplacement d'une vieille église romane. La nef centrale est très élevée et possède de beaux vitraux. Sous l'orgue, existe un ancien jubé, d'une grande valeur artistique. Le chœur repose sur une crypte très ancienne renfermant des fresques du XIe siècle. A gauche du grand portail se voit une grande tour de 60 mètres de hauteur environ qui était autrefois isolée, mais que l'on vient de relier récemment au corps de l'église.

A côté de la cathédrale, se trouve l'évêché entouré de beaux jardins qui descendent jusqu'à la Vienne.

L'Hôtel de Ville, belle construction moderne, date d'une dizaine d'années et rappelle un peu par son style élégant, sa forme architecturale, l'Hôtel de Ville de Paris.

Sur la place du Champ-de-Foire est installé le musée de céramique que j'ai eu l'occasion de visiter deux ou trois fois et qui renferme des porcelaines et faïences de tous pays, mais principalement de Limoges et des environs. On montre dans les vitrines des objets d'une grande finesse, dont la valeur dépasse, dit-on, plusieurs centaines de mille francs.

Derrière le lycée, on voit l'une des curiosités les plus originales de Limoges, la rue de la Boucherie. Les bouchers de la ville forment encore une corporation telle qu'il en existait au moyen âge avec les usages, les coutumes de cette époque. La rue où ils habitent a conservé sa même physionomie antique ; les habitations datent la plupart des XIIIe et XIVe siècle, et sont construites toutes en bois, la partie inférieure de la façade étant en retrait de 15 à 20 centimètres. Les boutiques sont noires, humides; on dirait plutôt des tavernes louches, des réduits borgnes qui s'ouvrent sous ce pan de vieilles maisons usées par le temps. En pénétrant dans cette rue sombre, les yeux, habitués à la pleine lumière, ne voient pas tout d'abord le fond de ces échoppes vermoulues; on se fait cependant à cette demi-obscurité et on s'aperçoit malgré tout que les étals ne sont pas malpropres et paraissent au contraire assez soigneusement entretenus. J'ai vu cette rue une première fois en 1878; la veille de mon arrivée, un incendie y avait consumé deux ou trois maisons. Le feu du reste a causé de grands ravages à Limoges dont toutes les constructions étaient en bois. Aujourd'hui, on emploie presque exclusivement le granit et ces catastrophes deviennent moins fréquentes.

Au XIVe siècle, Limoges subit un siège malheureux. Cette ville appartenait aux Anglais, mais l'évêque Jean de Cros la livra aux Français sur les sollicitations pressantes de Bertrand du Guesclin. A cette nouvelle, le prince de Galles, qui était à Cognac, entra dans une violente colère; il était d'autant plus furieux qu'il avait une grande confiance dans Jean de Cros, celui-ci ayant été son compère et tenu un de ses enfants sur les fonts baptismaux. Le chevalier anglais réunit 1,200 lances, 1,000 archers et 3,000 hommes à pied, accourt en toute hâte, arrive devant Limoges et jure sur l'âme de son père qu'il ne partira pas sans avoir pris la ville. Le siège commence aussitôt, mais les habitants se défendent avec énergie; le prince voit bien que la cité ne peut être prise de vive force; il l'investit complètement et fait miner les murailles d'enceinte pour pratiquer une tranchée où les troupes pourront monter à l'assaut. Quand les mineurs eurent terminé, ils viennent lui dire : « Monsigneur, nous ferons reverser quand il vous plaira, un grand pan de mur en es fossés par quoi vous enterez tout à vostre aise sans dangier. Ces paroles plaisirent grandement bien au prince. — Oïl, dit-il, je veuille que demain vostre ouvrage se montre. » Le lendemain, le feu est mis aux mines et le rempart se démolit sur une certaine longueur; les Anglais entrent aussitôt et vont immédiatement briser la porte voisine; cela se fait si vivement que les gens de la ville ont à peine le temps de s'en apercevoir. Trois mille personnes, hommes, femmes, enfants, sont mis à mort, tandis qu'une bande se dirige vers le palais épiscopal, s'emparent de l'évêque et le conduisent devant le prince de Galles, qui veut lui faire trancher la tête. Un certain nombre de chevaliers français opposent une résistance désespérée, ils se rendent sur une place, s'adossent contre un mur ; un combat corps à corps s'engage entre le duc de Lancastre et Jean de Villemur, le comte de Cambridge et Hugues de la Roche, etc...; mais bientôt les Français succombent devant le nombre et sont obligés de remettre leur épée.

Toutes les maisons sont mises au pillage, brûlées et détruites en partie. Les Anglais retournent à Cognac chargés de butin.

L'évêque de Limoges n'eut la vie sauve que grâce à l'intervention du pape Urbain.

Cette conduite barbare du prince de Galles eut un long retentissement dans la France et même dans la chrétienté, et c'est probablement pour protester contre la cruauté du chef anglais que le Sacré-Collège nomma pape, trois mois après, Pierre Roger de Beaufort, qui était originaire du Limousin, et cousin de l'évêque Jean de Cros.

Je quitte Limoges par le faubourg Montjovis. La route parcourt un pays très accidenté et présente une série de descentes rapides et de côtes raides qui se succèdent sans interruption; après avoir passé les dernières maisons, je traverse un petit vallon encaissé et une montée de 4 kilomètres me conduit à Couzeix où est le champ de courses. Le paysage devient superbe; la contrée est boisée, les taillis se voient partout, dans les ravins et sur le flanc des collines. Je traverse rapidement Chamboret (23k.), Berneuil, (8k.). Sur la gauche, dans la direction de Confolens, les montagnes de Blonds montrent à l'horizon leur contour arrondi.

J'arrive à Bellac (9 k.) vers 10 heures, par une côte assez dure et fais une halte de quelques minutes pour examiner la ville pittoresquement située au confluent de trois vallées. J'abandonne la route directe de Poitiers que je suivais depuis Limoges et me dirige vers le Dorat (15 k.).

Je franchis à Saint-Ouen la belle vallée de la Gartempe dont les eaux vives, claires coulent sur un fond de rochers. Cette rivière a un parcours des plus capricieux et paraît souvent dans des ravins profonds qui rappellent par leur beauté sauvage les merveilleux sites des pays de montagnes.

Il était onze heures et demie lorsque je pénétrai à l'hôtel de France au Dorat.

Le Dorat est une petite ville du Limousin de 2,772 hab., très ancienne et qui tire son origine, paraît-il, d'une église que Clovis fonda après la bataille de Vouillé. Cet édifice, détruit par les Normands, reconstruit, renversé de nouveau par Etienne, seigneur de Magnac, fut réédifiée au XIIe siècle. C'est un beau spécimen du style roman. La ville fut environnée en 1429 d'un mur d'enceinte qui subsiste en partie et soutiens de pittoresques jardins en terrasse d'où la vue est très belle.

Dans l'après-midi, je quitte l'hôtel et prends la route de Montmorillon (28 k.), l'une des plus belles que j'ai rencontrées comme sol. J'arrive dans cette ville, chez un parent qui fut fort surpris de me voir arriver ainsi, du fond de l'Auvergne, en bicyclette.

Montmorillon est une ville agréablement située dans la vallée de la Gartempe; elle possédait de nombreux couvents avant la Révolution; des règlements, peut-être uniques en France, obligeaient ces ordres religieux à des aumônes considérables.

Montmorillon possède une belle chapelle restaurée en 1839 et qui est actuellement enclavée dans le séminaire.

Pour venir à Chauvigny, le trajet direct est de 24 k. environ. J'ai préféré m'allonger un peu pour suivre plus longtemps le cours de la Vienne.

Je passe par Moulismes, Adriers, et arrive à l'Isle Jourdain dans la soirée.

Ce canton, situé dans un étranglement de la vallée de la Vienne, est pittoresquement bâti sur les deux coteaux granitiques qui descendent presque à pic jusqu'à la rivière, très rapide à cet endroit. Un pont réunit les deux rives et s'appuie au milieu sur un rocher où est installé une minoterie. Autrefois, un château était bâti sur cet îlot inculte. Un souterrain, parait-il, partait du manoir, passait sous un bras de la Vienne et venait s'ouvrir à mi-côte; on voit encore dans la cave d'une des maisons de l'Isle l'ouverture de cette galerie, entièrement comblée aujourd'hui.

Sur l'un des parapets est placée la statue de saint Sylvain, patron de Confolens. La légende rapporte que les gens de cette ville, à la suite de discordes religieuses, jetèrent à l'eau le saint dont le corps suivit le cours de la rivière et vint s'arrêter miraculeusement contre une des piles du pont. En souvenir de cet événement, les habitants érigèrent au pieux disciple de Jésus-Christ une statue à l'endroit même où il fut retiré.

Du pont, la Vienne est curieuse à observer. Le

fond est encombré de gros blocs de granit placés sans ordre, offrant des poses et des attitudes bizarres. Les eaux viennent se briser contre ces obstacles, bouillonnent dans les gouffres, s'échappent en tourbillons tumultueux par les passes étroites ménagées dans le lit déchiqueté de la rivière; au loin, on aperçoit un beau viaduc tout en pierre sur lequel passe la ligne de Saint-Saviol à Lussac-les-Châteaux.

On a une très belle vue de la vallée du plan de l'église situé à 30 mètres de hauteur environ sur le coteau. A l'Isle-Jourdain, les roches granitiques commencent à disparaître, elles s'enfoncent définitivement sous les terrains jurassiques vers Moussac et s'âbaissent peu à peu dans le sous-sol à mesure qu'on s'avance vers le nord.

Jusqu'à Lussac, la route est dure par ses côtes longues et parfois rapides; on traverse la belle vallée de la Blourde, profondément encaissée et toute remplie de verdure: vue dans le brouillard du matin, alors que la rosée tombe peu à peu sur les arbres et s'écoule goutte à goutte à travers le feuillage, la vallée est d'un pittoresque achevé; tout au fond, le ruisseau étale ses eaux vives sur les roches noires livides qui ont croulé dans son lit.

C'est au vieux pont de Lussac, aujourd'hui détruit, que périt Jean Chandos, sénéchal du Poitou, un des lieutenants les plus actifs du prince Noir pendant la guerre de Cent ans. A cette époque, Anglais et Français guerroyaient incessamment entre eux; rarement de grandes batailles, plutôt des escarmouches; les deux partis allaient par petites bandes, partaient en expédition contre un château, une forteresse ou essayaient de tomber à l'improviste sur l'ennemi pour le mettre en déroute.

Au mois de janvier 1369, Jean Chandos, résidant à Poitiers, manda tous les barons et chevaliers des environs ; une fois réunis, ils partirent pour faire une chevauchée contre l'abbaye de Saint-Savin qui venait de tomber entre les mains d'une troupe de Français commandés par Louis de Saint-Julien.

Il était minuit environ quand ils arrivèrent sous les murs de l'abbaye ; les chevaliers descendent de cheval, les Anglais entrent dans les fossés et s'apprêtent à faire l'escalade lorsque le son du cor se fait entendre. Se croyant découvert par la sentinelle, Jean Chandos donne aussitôt le signal de la retraite; il n'en était rien ; le cor qui venait ainsi de troubler le silence de la nuit était celui de Jean Kerlouet, parti de la Roche-Posay pour aller guerroyer aux environs de Poitiers. Ce seigneur pénétra dans l'abbaye du côté opposé où se trouvaient les Anglais qui n'avaient pu voir arriver la troupe française. Ces derniers se retirèrent précipitamment jusqu'à Chauvigny. « Quand ils furent là, tout Poitevin demandèrent à Monsigneur Jehan Chandos se il voloit plus riens. Il leur respondi : « Nenni, retournes, au nom de Dieu, je demerrai seul en ceste ville. »

Les chevaliers poitevins rentrèrent donc à Poitiers, Thomas de Persi, sénéchal de la Rochelle partit le dernier et remonta la Vienne dans la direction de Lussac. Jean Chandos resta seul à Chauvigny, fort ennuyé d'avoir manqué son expédition, car « la prise de Saint-Salvin lui déplaisait moult. » Or pendant que le chevalier anglais causait avec ses hérauts pour oublier sa mésaventure, on amène devant lui un homme qui lui dit : « Monsigneur, je vous apporte nouvelles. — Queles, répondit-il. — Monsigneur, les François chevauçent. — Et comment le scès tu ? — Monsigneur, je sui parti de Saint-Salvin avant yaus (1). Et quel chemin ? — Monsigneur, je ne scai, de vérité, ils tiraient ce me sembla vers Poitiers. — Et lequel sont ce François ? — C'est messires Loeis de Saint-Julien et Keranloet et ses Bretons. — Ne m'en chaut, respondi messire Jehans Chandos, je n'ai nulle volenté de chevaucier. Il poront bien trouver rencontre sans mi. » — Jean Chandos réfléchit quelques instants et dit enfin : « Quoi que j'aie dit, c'est bon que je chevauce tout dis ; me fault retourner vers Poitiers et tantost sera jours. »

Alors il partit dès le matin et se mit à la poursuite des Français.

Pendant ce temps, Thomas de Persi suit toujours la Vienne, ayant devant lui sur l'autre rive les Français qui vont tenter de passer la rivière à Lussac ; ces derniers ne pensent pas être poursuivis de si près ; mais au moment d'arriver, les Anglais hâtent le pas et se montrent ; les deux troupes ennemies que le cours d'eau sépare encore se reconnaissent et s'élancent vers le pont de Lussac. Les Anglais arrivent les premiers et prennent immédiatement position pour défendre le passage. Parvenus en face, de l'autre côté, les Français mettent aussitôt pied à terre, confient les chevaux à leurs valets et commencent un

(1) *Yaus* (eux).

combat corps à corps. Sur ces entrefaites arrive Jean Chandos, qui prend la troupe française en queue. A cette vue, les valets pris de peur s'enfuirent avec les montures de leurs maîtres. Le chevalier anglais s'approche et dit à ses adversaires : « Entre vous Francois, vous este trop malement bonnes gens d'armes; vous chevaucies à votre aise et vostre volonté, de nuit et de jour. Vous prendrès villes et forterèces en Poito, dont je suis seneschaus. Vous rançonnes povres gens sans mon congié. Vous chevaucie partout, il samble que li pays soit tout vostre. Il y a plus d'un an et demi que je vous cherche, on m'a dit et compté par plusieurs fois que vous me désiriés à veoir ; si m'avès trouvés : je suis Jehans Chandos. »

Pendant qu'il parlait, un Breton prit son glaive et « ne se peut abstenir de commencier meslée et vint assener à un escuier anglais, Simekins Dodale et li arreta son glaive en se poitrine et tant le bouta et le tira qu'il le mist à terre. » Jean Chandos, qui était derrière, s'écria : « A pied, à pied. » La bataille commença : « Messire Jehans Chandos, qui estait grand chevaliers et fors et hardis et confortés en toutes ses besognes, environne des siens, le glave au poing, s'en vint sus ses ennemis ; li gliça, la terre estant mouillé ; un cop vint sur lui lanciet d'un escuier qui s'appelloit Jacques de Saint-Martin qui estoit fors homme ; le glave s'arrêta sous l'œil entre le nés et le front. Et messires Jehans ne vei point le cop venir, car il avoit l'œil estaint et le perdi en chassant le cerf et ne portoit onques point de visières. L'escuier poussa le glave qui s'encousi jusques au cerviel puis retira à lui. Messire Jehans Chandos pour la dolour qu'il senti, ne se peut tenir en estant, mès chei à terre, ansi que cilz etoit mort, car onques puis ce cop ne parla. Jakes de Saint-Martin qui avoit donné ce cop fut avisés d'un escuier de Monsigneur Chandos, si vint sur lui et le feri en cousant de son glave et li transperça tout oultre les deux cuisses et puis retraist son glave. Là se combatirent li François et li Anglois un grant temps devant le pont de Leusach, et y eut fait maintes grans apertises d'armes. » Enfin les Anglais reçoivent du renfort et restent maîtres du champ de bataille. Louis de Saint-Julien et Jean de Kerlouet sont fait prisonniers. Jean Chandos survécut trois jours à sa blessure et mourut à Morthemer, à quelques kilomètres de Lussac; il fut enterré dans l'église de ce village et son tombeau existait encore au commencement de la Restauration. Jean Bouchet nous a conservé l'épitaphe suivante que l'on avait gravée sur ce tombeau (1) :

Je Jehan Chandos, des Anglois capitaine
Fort chevalir, de Poictou seneschal
Après avoir faict guerre très lointair[illegible]
Au roi francois tant à pied qu'a ch[illegible]
Et pris Bertrand de Guesc[illegible] a
Les Poictevins pres Lussac [illegible] en[illegible]
En un cercueil eslevé tout de [illegible]
L'an mil trois cents soixante et neuf.

Enfin, à l'endroit même où Chandos fut mortellement frappé, à l'extrémité ouest du pont aujourd'hui détruit et qui se trouvait au nord du pont actuel, un monument avait été élevé, monument composé de six colonnes soutenant une large pierre.

(1) Briquet (*Histoire de Niort*).

En sortant de Lussac, la route suit de très près la base des coteaux. En face la tour de Cognium, se voit Civeaux-les-Tombeaux, de l'autre côté de la rivière. Dans la plaine qui entoure ce village on a découvert plus de 7,000 tombes de toutes grandeurs; leurs formes étaient celles de cercueils en bois; un couvercle plat ou bombé recouvrait chaque tombe sans aucune trace de sculpture. Quelques historiens pensent que ce cimetière très ancien renferme les restes des Français tués à la bataille de Vouillé. En face Civeaux, la Vienne forme un gué, nommé pied de la Biche; les habitants prétendent que Clovis traversa la rivière à ce gué avant la bataille.

Je traverse Saint-Martin-la-Rivière et arrive à Chauvigny, ville curieuse par ses ruines qui dénotent qu'au moyen âge elle était le siège d'une puissante organisation féodale. Il y a deux églises romanes, l'une dans la basse ville; l'autre sur la colline, plus ancienne et plus intéressante que la première par ses tombeaux. Trois châteaux bien construits et bien défendus étaient bâtis à côté: le château baron[illegible] le château d'Harcourt et la tour de Gauzon, a[illegible] aux évêques de Poitiers. Il reste peu de c[illegible] ces anciennes demeures, quelques pans de muraille de la chapelle sont encore debout, avec les débris d'une belle voûte en ogive. L'homme préhistorique habitait les environs de Chauvigny, on a trouvé les traces de son industrie dans une caverne des environs.

TOTAL DES DERNIÈRES JOURNÉES

1°	Limoges au Dorat.	48 k. 5
	Dorat à l'Isle-Jourdain par Montmorillon.	62 »
	Total.	110 k.
2°	Isle-Jourdan à Bonneuil-Matours.	59 k.

FIN

R. Peuilhac
St Jouvent
Nord
accidenté
Nieul
station
sol excellent
Chamboret 17K Ligne Poitiers
Chaptelat
Sud
Côte longue assez dure
Louzeix (H Petit Caporal) Louzeix
de Limoges
Bellac 39K
Montmorillon 77
6K
Ruisseau
Descente assez rapide
R. Châteauroux
R. Angoulême
R. Châteauroux
R. Châteauroux
Limoges (H Boule d'Or
(H Palais
Limoges
ch fer
Vienne R.
R. Eymoutiers
R. St Yrieix

S. Ouen a 54 S
R. la Souterraine
Bellac
o Bellac
(H.-Frana)
Ch f Limoges
7 Kl
Nord
St Junien
o Berneuil
Berneuil
3 Kl
Sagnes R.
o Breuilaufa
Breuilaufa
Sud
Glayeulles R.
Station
4 kl
Chamboret
Chamboret
Glayeulle R.
Station
Nantiat
Ch fer Limoges
Couzeix 17 k
Taillac
o Lomorr

R-Thial
Station de Thiat
Combrun
Rathm 17K
Anadour
Branne R.
ligne Poitiers
Le Dorat (H. France)
Route Poitiers
Le Dorat
R. la Souterraine
4 St Sulpice
Nord
SKP
R. St Sornin
ligne Limoges
St Ouen
St Ouen
Gartempe R
Gartempe R.
Halte
Sud
SKP
ligne Limoges
Vincou R.
Bellevue
Bellac
Sol excellent, accidenté
Côté Vue

R. Chauvigny
Gartempe R.
R. Lussac
Ligne de Poitiers
R la Trimouille
Montmorillon
Montmo-
rillon
(H de France)
R. Moulismes
Moulismes 12 K
Ligne du Blanc
Gartempe R.
Nord
Saulgé
12 K
Lathus
Lathus
R Bourg archambault
Sud
R. Plaisance
R Azay le Ris
Le Dorat 17 K
Gartempe R.
Ligne Limoges

Vol excellent, en pente douce insensible jusqu'à Montmorillon

Montmorillon

Montmorillon
R. du Dorat
R. Lussac
Gartempe R.
Nord
Lire la carte en descendant
A Confolens
Saulgé
Le Leché
12 K
Sud
Sol excellent léger en ondulations jusqu'à Moulismes
R Persac
Biais
Plaisance
Beaumais
Moulismes
Moulismes
Blourde R
R. N^le Poitiers à Limoges
Ruisseau
9 K
Nérignac
Ruisseau
R. S Remy
Adriers
Adriers
Isle Jourdain. 17 K
R. Moussac

Ruisseau

Villars

Petite Blourde R.

Persac

Nord

Nérignac

Grande Blourde R.

Moussac

Vienne R.

Queaux

Ile de Juvan

R. Lussac

Sud

Ligne de la terre Haut

Pouillac

R. Adriers

Adriers à 12 K

Côte dure

R. Luchapt

Île Bourdain St Plaixent

Île Bourdain (Hte de la Prix)

Bourpeuil

R. Vigeant

Lussac 7 KS

Villars

2 K

Persac

Queaux

13 KS

côte dure

sol excellent

Côte dure

Descente rapide

Longue côte peu dure

Descente rapide

Col de Dive

Vienne R.

St Pierre les Eglises

Chauvigny 7K

St Martin la Tercé

Pouzioux

St Martin la Rivière

Nord

R. Morthemer

le Gachard

Toulon

Cubord

Dive R.

peu accidenté: col excellent

8K

Vienne R.

Sud

R. Chapelle-Viviers

La Tour

Tour Cognum

Civeaux

les tombeaux

Ch. fer Poitiers

6K

R. St Savin

R. Nle Poitiers

Ch. de fer

Descente rapide

Lussac

Mazerolles

R. Montmorillon

Villars 7KS

Vienne R.

Tours 84 K
St Maure 50 K
Chatellerault 16

Nord

Chatellerault 16 K

R. Beaumont

R. Vouneuil

Vienne R.

R. Chatellerault

R. Monthoiron

Bonneuil-Matours
(H de France)
sur la place

R. Poitiers

R. Archigny

Bonneuil-Matours

8 K

23 K ← Poitiers

Moulière

Bellefonds

R. Lirmiers

Vienne R.

Chateau de Touffou

La Vointe

La Vointe

R. St Radegondes

Bonnes

Sud

6 K

Chauvigny
(H. France)

Ligne Poitiers au Blanc

R. Nle Poitiers

23 K Poitiers

St Martin 7 K

R. Lerce

Vienne R.

Vienne R.

R. Lussac

R. Montmorillon

Chauvigny

R. du Blanc

Sol excellent, sans côte sensible

Côte assez dure

TABLE DES MATIÈRES

Imp. Industrielle et Commerciale. — Chartres

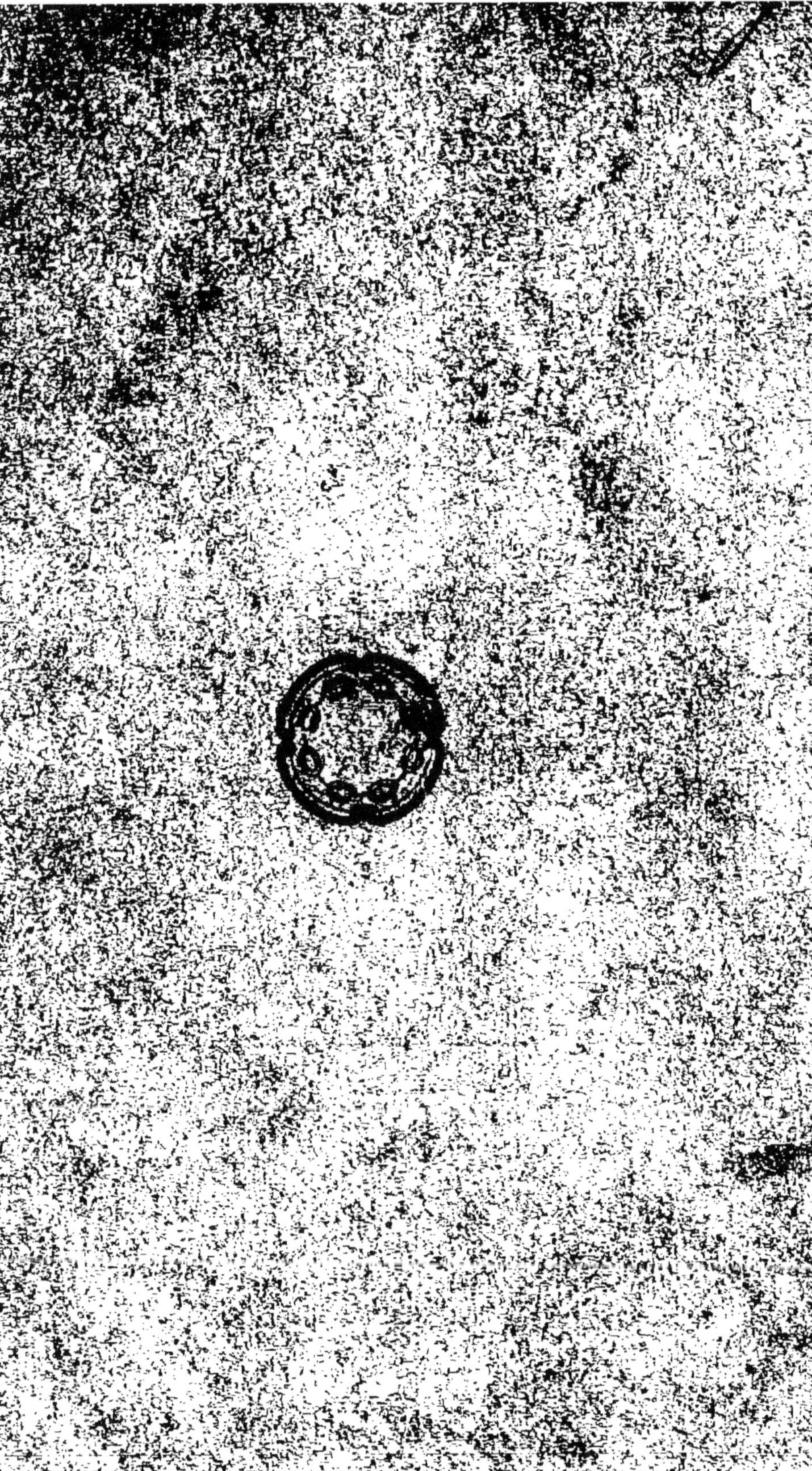

www.ingramcontent.com/pod-product-compliance
Lightning Source LLC
Chambersburg PA
CBHW070545160426
43199CB00014B/2373

* 9 7 8 2 0 1 2 5 7 9 6 9 9 *